ザ・シティ

The City of London

金融大冒険物語

海賊バンキングとジェントルマン資本主義

毎日新聞社

まえがき

「ショッパホリック」という言葉がある。ワーカホリックが仕事中毒なら、ショッパホリックは買い物中毒だ。店中の商品を買い尽くすまで、ショッピングをやめられない。ショッパホリックたちの国――。それがイギリスである。10年ほど前から、イギリスは次第に放漫消費の国と化してきた。お買い物中毒をもたらした薬物は何だったか。それが金融である。

1990年代後半から2000年代の初頭にかけて、イギリス人たちを「死ぬまでお買い物」行動へと煽り立てたのが、低利融資への安直なアクセスだった。何しろ、この間にイギリス家計の負債残高は可処分所得の180%というとんでもない水準に達したのである。主要先進国中、堂々1位を誇る借金漬け状態であった。

イギリス家計をショッパホリック化に誘った金融仕掛け人たちは、どこを住処としていたか。その場所こそ、本書の主役、「ザ・シティ」にほかならない。ザ・シティとは、ロンドン旧市街。ここから、国際金融の歴史が始まった。ウォール街がまだ影も形もないころに、シティは世界の金融の中心地として、揺るぎなく比類なき地位を謳歌していた。金融のすばらしい面も、おぞましい面も、その原点はシティにある。

イギリスのショッパホリック症は、金融のおぞましい面が猛威を振るった結果の1つだ。金融の自由化と地球化が進むなか、シティのバンカーたちは生き残るための新たな道を懸命に模索した。そのなかで出てきた1つの解答が、相手の返済能力を問わずにカネを貸し、そうして発生したローン債権を証券化して誰かに売り飛ばすという手法であった。このやり方は、何もアメリカの金融機関たちの専売特許ではないのである。

借金中毒症に煽られたイギリスの消費バブルは、08年秋をもって終わった。現象的には、リーマン・ショックの影響が、アメリカからあっという間に波及するという展開だった。だが、火種がなければ、いくら火の粉が飛んできても、それだけで金融大火災は起きない。ショッパホリック症候群を演出していたシティのバンカーたちは、いつ大惨事が起きてもおかしくない危険な火種を、自らの手で育て続けていたのである。

金融は、どうすれば世のため人のために役に立てるか。金融が牙を剥くと、人々はどのような被害を被るか。シティを知れば、そのすべてが分かる。歴史的な金融大激震の後始末に世界中が四苦八苦している今こそ、我々は改めてシティという名の金融小宇宙の歴史を振り返ることが必要だ。そこには、ヒト・モノ・カネの三つ巴を支える力学の深層がある。

　ここで本書の副題にご注目いただきたい。海賊バンキングとジェントルマン資本主義の二人三脚こそ、ヒト・モノ・カネのほど良い関係の大黒柱だ。海賊的冒険精神と、ジェントルマン的節度とのバランスが完璧であればよし。それが崩れると、金融はショッパホリック製造装置と化したり、行き過ぎた証券化をもたらしたりしてしまう。

　海賊バンキングとは何か。何も、シティを拠点に活動する金融機関たちのご先祖が、すべて海賊だったというわけではない。彼らの多くは商人だった。ただ、12～13世紀の商人たちが新物資・珍物資の数々を海を越えて輸送する過程では、実際に海賊の襲撃を受けることも間々あった。窮地をしのいで商売を続けたければ、商人たちも、おのずと海賊的勇猛果敢さが身についていく。冒険精神なきものに、商権を握る権利はなかった。

　一方、ジェントルマン資本主義という言い方には、いわば「素人資本主義」あるいは「片手間資本主義」というべきニュアンスがある。紳士の本業はあくまでも紳士たるところにある。それ以外のことについて専門家になることは、いやしくも紳士たるものがなすべきことではない。ジェントルマンという言葉には、常にその語感がつきまとう。

紳士と海賊は、縁遠そうだ。ところが、手短に言えば、紳士もまた海賊なのである。なぜなら、彼らのルーツは貴族たちだ。貴族というのは、要するにお国のための御用海賊にほかならない。大英帝国の世界制覇に道をつけていった貴族たちには、いざとなれば、いつでも海上の略奪者と化す用意があった。その心意気において、彼らとシティの商人たちとは同志であった。その絆を両者が探り当てる出会いの場。それがシティであった。

海賊性と紳士性がうまく融合する時、シティにおける金融大冒険は極めて健全な力強さを発揮する。このバランスが崩れると、たちの悪い冒険主義で金融が暴走したり、冒険心が失われて金融が硬直化したりする。危険な両極の間を、シティの振り子はどう振れてきたのか。それを本書で皆さんとみていきたい。そのなかに、21世紀の金融の在り方へのメッセージを見いだしたい。発見の旅の始まりだ。最後まで、お付き合いいただければ幸いである。

目次

現在のロンドン「シティ」　Reuters

装丁　岩瀬　聡
装画　Graeme Purdy／ゲッティ イメージズ
本文レイアウト　タクトシステム

ザ・シティ　金融大冒険物語

―海賊バンキングとジェントルマン資本主義―

第一章　商業の街シティから、金融の街シティへ

過去と未来が出会う場所

「ねぇ、お父さん。おカネって何？」

度肝を抜かれる質問に絶句するお父さん。お父さんはドンビィー氏、息子はポール。イギリスが誇る19世紀の作家、チャールズ・ディキンズの小説「Dombey and Son」の一場面である。

うろたえながら、ドンビィー氏は考える。さて、どう答えるか。拝金主義者で大船主である彼の頭にはこんな言葉が浮かぶ。「回転媒介手段、貨幣、通貨価値、金塊、為替相場、貴金属……」。

だが、小さなポールの姿をみれば、そんなことを言っても仕方がない。「えぇーっと、金とか銀とか銅とか。ギニーにシリングに半ペニー。そういうやつだ。判るだろう？」といってみる。だが、これで息子は納得しない。「それは判るけどぉ……、そういうんじゃなくて、おカネってホントは何なの？　おカネには一体何ができるの？　ねぇねぇ……」

この深淵なる質問への答えはどこにあるのか。その場所こそ、これから始める物語の舞台「ザ・シティ」にほかならない。

バブルに踊った人たち

ザ・シティは、今日のロンドン発祥の地だ。別の名は「ザ・スクエア・マイル」。およそ1マイル（1・6キロ）四方の広さでしかない。

そこは、昔と今、そして未来が出会う交差点だ。ザ・シティの「昔」はディキンズの世界。そしてまた、海賊たちの世界だ。大英帝国の基礎を育んだイギリスの大商人たち。いみじくも、彼らを人呼んで「マーチャント・アドベンチャラーズ」。この名の同業組合組織の下で、彼らはイギリスの領土と商圏の大拡大の主役の座を席巻した。

そのなれの果てというか、成熟形体がドンビィー氏だ。海賊魂は徐々に萎えはじめ、小手先で儲ける悪徳商法に関心が移行しつつあった。ちなみに、息子の「おカネで何ができるの？」の質問に対して、ドンビィー氏は「政略結婚」と答えていてもおかしくなかった。実際に、ポール君出産時に亡くなった妻の後添え確保に当たって、ドンビィー氏は大いにおカネに物を言わせるのであった。

堕天使ならぬ堕海賊たちのハートを捕らえたもう1つの悪徳商法があった。その名は投機だ。この場合には、悪徳商法というよりは、狂乱商法といった方がいいかもしれない。

冒険商人たちの海洋アドベンチャーによって、シティには多くの富と富を巡る思惑が集積していった。その甘い香りに引き寄せられて、一攫千金の仕掛け人たちがぞくぞくと群がってくる。彼らの想像力を刺激し、人々を投機の嵐に巻き込むきっかけとなったのが、世にいう「南海の泡沫」騒動である。

「南海会社」は1711年に設立された。当時の大蔵大臣だったオックスフォード卿、ロバート・ハーレイ伯爵の〝頭脳プレー〟の産物だ。戦費がかさんで、火の車の財政事情をなんとかしようと知恵を絞った成果である。

ここでいう南海とはスペイン領の南米のことである。南海会社は、この新天地との独占的取引権を付与された。その結果として、同社の手元に転がり込む収益を元手に、同社が政府の債務を引き受ける。一方、同社の収益に対して税金をかければ、歳入の面からも国庫は大いに助かる。これで財政問題は一気に解決だ。これがハーレイ伯爵の構想だった。

メキシコやペルーの金鉱・銀鉱に無限の富の夢を託して、人々は雪崩を打って南海会社

イギリスの国民的画家ウィリアム・ホガースが描いた南海泡沫事件
『Big Bang』（Ian M. Kerr著、Euromoney Publications）から

株の獲得に走った。高値での売り抜けを狙った噂が蔓延し、とてつもない勢いで株価が舞い上がっていく。わずかの資金しか用意できない庶民たちも、どんどん、南海会社フィーバーに巻き込まれていくのであった。

ところが、この貴族の商法は、すべてが思惑に基づく構想だった。南海会社が南海との独占的取引権を付与されたといっても、宗主国のスペインがイギリス船の入港を許可しなければどうにもならない。それが得られるかどうかは、スペインの国内事情がどう展開するか、イギリスとスペインの関係がどう動くかに依存していた。そもそも、南海貿易からどれほどの利益が上がるかも未知数だった。

結局のところ、英国政府の南海ベンチャーは散々な結果に終わった。スペインはイギリス船に自由通航を許すつもりなど毛頭なかった。そのうえ、両国関係はその後むしろ悪化の一途をたどったから、南海貿易を独占するなどということ自体、まさしく絵に描いた餅だったのである。

貴族の商法は、しょせん、貴族の商法だった。投機家も投資家も、そして彼らに資金を提供した銀行家たちも、巨大な損失をこうむった。政府の「借金〝飛ばし〟大作戦」もむなしき大失敗に終わった。かくして、南海の泡沫は華々しくはじけるのであった。

絵に描いた餅で投資家を呼び込む南海の泡沫商法には、多くの模倣犯が追随した。次から次へと、途方もない儲け話が株式市場に登場する。「毛髪取引会社」「全英大住宅建設計画」「永久運動体開発機構」などはむしろまともな方だった。極めつきが「誰も知らない謎の大儲けのための事業会社」株だったが、これに対してさえ、投資家が殺到した。

産業革命を経て、シティはまた新たな展開を遂げる。おカネとの海賊型の付き合いはさらに遠のき、ジェントルマン資本主義が定着期に入る。貴族の商法から紳士の金融へとシティの主調が変化していく。その黄金期は国際金本位制の終焉とともに終わったといっていいだろう。辛うじて第2次大戦後までその片鱗をとどめていた紳士の金融に、最終的な打撃を与えた男がいる。その名はニック・リーソンだ。彼とは、本書の終幕近くでまた出会うことになる。

今のシティにも「泡沫病」

こうして、シティの「昔」は次第にその「今」に近づいてくる。「昔」から「今」へと流れるシティの時間。そこには、通貨と金融の歴史的大スペクタクルがある。

その中では、多くの登場人物たちと出会うことになる。間違いなく、大いなる主役を演じるのがイングランド銀行だ。その他に、数多くの堕海賊あり、本格紳士あり、えせ紳士あり、成金あり、正義の味方あり。皆さんとともに、彼らに出会うのが楽しみだ。「今」のシティにも、折々に泡沫病が押し寄せてくる。おカネとは一体何か。金融のグローバル化と工学化に振り回されるシティの今日的住人たちは、この問いかけに対して一体なんと答えるのだろうか。そして「未来」の人々は。

ウィンストン・チャーチルは言った。「遠く過去を振り返れば振り返るほど、はるか未来が見えてくる」。このプロセスを、皆さんと共有したい。

ザ・スクエア・マイルの原動力

ザ・シティは今日のロンドン市（グレーター・ロンドン）のほぼおヘソの辺りに位置する。

そこから西に進めばウエスト・エンド。お芝居とお洒落の中心街だ。逆に東に向かえばイースト・エンド。ロンドン版の下町だ。スクエア・マイルの繁栄が西へ東へとロンドンをスプロールさせて今日に至っている。

ロンドンは大スプロールを遂げたが、シティのスクエア・マイルという大きさは中世からほとんど変わっていない。9世紀には、すでに独立行政区の位置づけになっていた。アルフレッド大王時代の話だ。

アルフレッド大王は大陸欧州からやってくる商人たちを大いに歓待した。彼らに居心地のいい宿舎を用意することに気をかけた。その先見の明が功を奏して、シティにはドイツから、イタリアから、バルト海沿岸から、多くの貿易商たちが集まってくるようになった。商業の街、シティの原点がここにある。

12世紀ともなれば、大陸欧州からの人々の流れは次第に移住という形に発展する。そうした流れのなかで、最も目立つ勢力だったのが北イタリアのロンバルディア地方からやってきた商人たちだった。ロンバルディア人はゲルマン系の民族で、もともとは北欧に住みついていた。6世紀に北イタリアに進出して、王国を築き上げた。今日のミラノ周辺地域がその中核部分に当たる。ちなみに、今でもこの一帯の人々は独立心が旺盛だ。北イタリアの自決・独立を掲げて91年に誕生した政党の北部同盟は、当初、ロンバルディア同盟を名乗っていた。集権国家の権勢に屈することを嫌うその心情にも、どこか海賊的ルーツの香りが漂う。彼らの活動拠点となったロンバード・ストリートは、今日でもシティの名物的一角だ。ロンバルディア人たちは、そこで貴金属を売買し、それに付随する形で金融業にもいそしんだ。商業の街シティが、金融の街シティへと展開する出発点だ。

すべてが集まっていった場所

こうして形成された商業と金融の街としてのシティの原型が、本格的発展に向けて大き

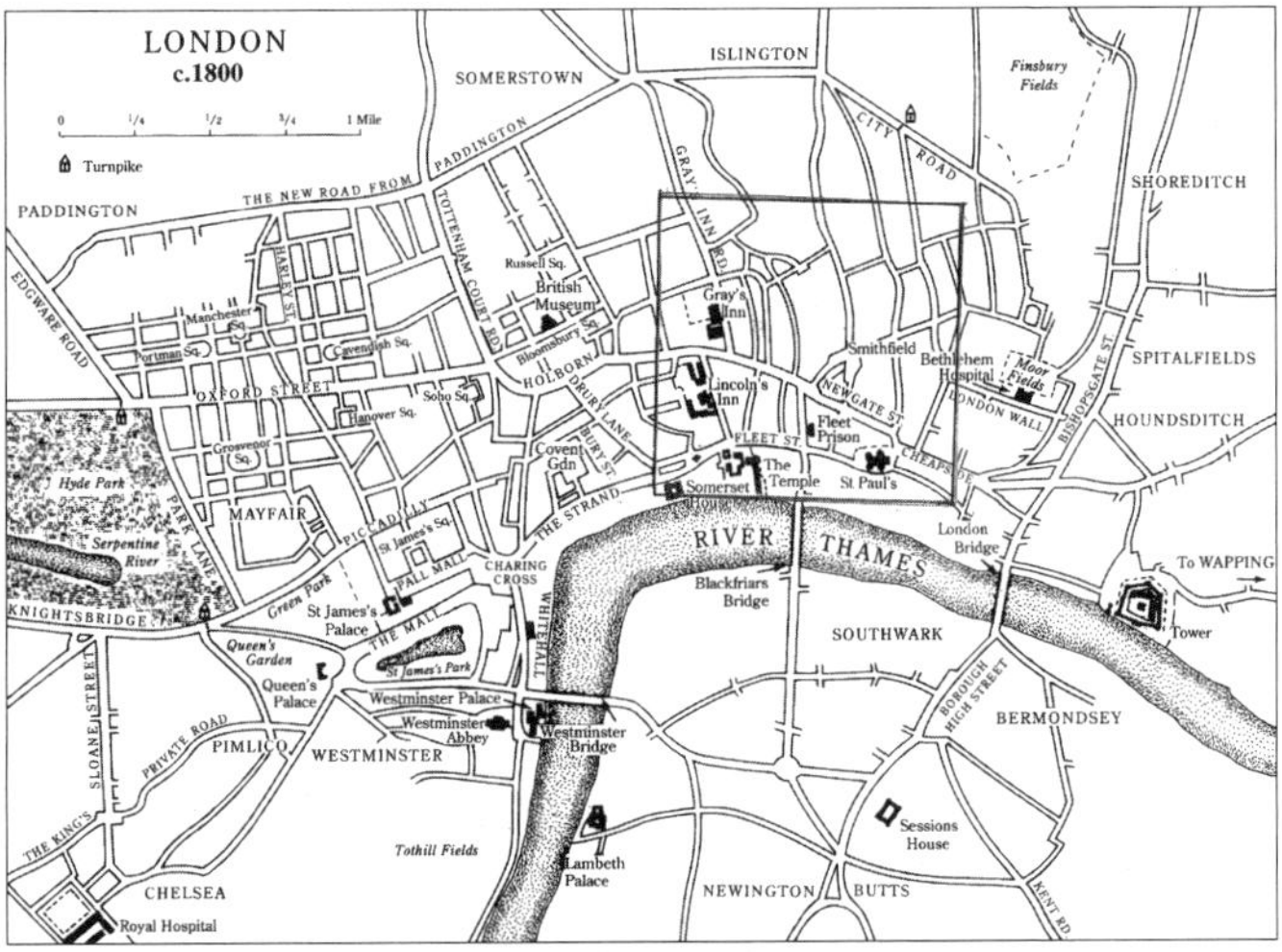

四角の辺りが「ザ・スクエア・マイル」（1800年ごろのロンドン）
『London the Biography』（Peter Ackroyd著、Chatto & Windus、2000）から

く開花したのが、チューダー王朝期（１４８５〜１６０３年）である。大航海時代の大波に乗って、海賊魂旺盛なイギリスの貴族と商人たちがその勢力圏を広げていく。その勢いに引き寄せられて、大陸欧州の豪商や金貸し業者たちも、以前にも増してシティの引力を強く感じるようになっていった。

彼らが集い、地元の商人たちと商売をする場所として、１５７０年にはシティに王立取引所が誕生した。大貿易商で国際金融論の創始者的存在でもあるトマス・グレシャムが、心血を注いだ建設プロジェクトだ。立派な集合場所が出来たことによって、商業の街シティの繁栄は一段と華麗さを増すことになる。『ロビンソン・クルーソー』の作者として有名なダニエル・デフォー（１６６０前後〜１７３１年）が、その様子を評して「すべてを循環させ、すべてを輸出し、そしてすべての支払いが行われる」場所と表現した。

チューダー王朝最後の国王、エリザベス１世の統治を通じて、七つの海の覇者としてのイギリスの位置づけはますます確たるものになり、海賊経済の威光はその頂点に達した。その勢いは17世紀から18世紀を通じてさらに向かうところ敵なきものになっていく。

17世紀にイギリスの政治体制が大きく変わったことも、シティの躍進を後押しした。１６８８年の名誉革命で、国王と議会との主権争いに決着が着いた。それまでの王家とその軍人たちによる支配の世界から、貴族と商人たちの連携プレーが世の中を回す世界へと、舞台が大展開したのである。商業資本と金融業が国政にとってなくてはならない屋台骨と化す瞬間だった。それがシティ発展史からみた名誉革命の位置づけである。

そうした政治の展開も背景にしながら、18世紀に向けてシティの躍進は続く。この時期における経済面での後押し要因は大別すれば3つある。その1は、海外産品への国内需要の盛り上がりだ。アメリカ大陸やアジアから来る砂糖に紅茶に煙草にコーヒー。北ヨーロッパ産の木材をはじめとする原材料。これらが筆頭格の人気商品だった。その2は、大陸欧州市場へのアジア・アメリカ産品の再輸出。そしてその3は、イギリス産業が独り占めできる植民地向けの輸出市場だ。

これらの3大ビジネスの物流拠点として、さらにこの物流に伴う金融・保険・倉庫機能への需要を満たすサービスの街として、シティの存在感は高まる一方だった。18世紀が19世紀にバトンタッチする時点では、「ロンドンはいまや欧州全土を席巻する大商業中心地だ。否、世界的な商業中心地にほかならない」と誇らしげに語られる状況になった。奴隷制廃止運動の主導者で、銀行家であり英国議会の議員でもあったヘンリー・ソーントンが1802年に披瀝した感慨である。

このソーントンの言葉からさらに時が下って1815年には、人気雑誌『The Picture of London』が「ロンドンは全世界の通商の中心地だ。世界中の他のすべての港から出航する船の数を足し合わせても、ロンドンからの出航数にはかなわない。古代カルタゴに比べても、絶頂期のベニスに比べても、ハンザ同盟の諸都市に比べても、アムステルダムに比べても、ロンドンの商業規模が50倍は大きい」と、大言壮語を連発するところまで、シティの栄耀栄華は極まった。

マーチャント・バンカー登場

この快進撃物語のなかで、主役を演じたのがいわゆるマーチャント・バンカーたちである。大元をたどれば、ロンバード・ストリートの北イタリア商人たちがその始祖だ。かつての商人が、商圏の拡大と取引先の多様化のなかで、次第に金融機能を中心とする「ビジネスモデル」に衣替えしていくのである。モノに関わるサービスから、カネに関わるサービスへと、求められる役割が変化する。それに対応した彼らの柔軟な変身がシティの発展の原動力となった。

彼らが持つに至った影響力は、時のメディアを驚嘆させ、悲憤慷慨させもした。

１８１０年10月、あるドイツ系ユダヤ人のマーチャント・バンカーが自殺した。その名はアブラハム・ゴールドスミッド。金儲けのストレスが高じてのことらしい。そのニュースが世の中を震撼させた。それも無理はない。マーチャント・バンカーは、シティのみならず、イギリス全土の豊かさの要であり象徴だった。その中でも当時の筆頭格だったゴールドスミッドの変死に、人々が不吉な影をみてパニックしたのはうなずけるところだ。その有り様をみて、新聞記者で政治活動家でもあったウィリアム・コベットがこう書いた。

「ユダヤ商人の死がこんな騒ぎを引き起こしていいのか！　その知らせが国王にわざわざ届けられていいのか。この男の自殺がロンドン市民に他のすべてのことを忘れさせたというのは本当なのか……」

反骨のジャーナリストには、金満バンカーの死を巡る世間のうろたえぶりが定めし情けなく、腹立たしかったのだろう。

メディアに叩かれるようになれば一人前だ。そのような地位を得るに至った商人転じて銀行家たちの機能と生態を次節でみよう。

マーチャント・バンカー誕生

ここでの主役はマーチャント・バンカーたちである。商人（＝マーチャント）が銀行業（＝バンキング）を営むようになったから、この名称がついた。

この転身は、ある意味でごく自然な成り行きだ。今日流にいえば、商社が貿易金融を始めるようなものである。お客さんである製造業者や他の商人たちのためにつなぎ金融を行う。そこが出発点だった。

前にみた通り、17世紀から18世紀にかけてイギリスは大貿易国への道を突き進んでいた。世界がイギリスに物を売り、イギリスが世界に物を売る。その拠点としてシティもまた栄えたわけだが、なにせ、当時の輸送手段といえば帆船である。海を越えた売買の代金が最終的に回収されるまでには、相当に時間がかかる。この間の資金繰りを支えたのが、商人たちの金融機能だった。それは文字通りの融資の形を取る場合もあれば、手形方式を取ることもあった。

こうして、商取引の付随業務として始まった商人たちによる金融業は、海洋大国イギリスの躍進とともに次第に本格的なバンキング・ビジネスへと発展していった。17世紀末にはすでに、物の取引とは直接に結び付いていない純粋な銀行業を営む商人たちも出現していた。当時のシティにおいて、金融機能への需要が高まるのは当然だったのだ。

シティが繁栄すればするほど、そこで一攫千金の夢を実現しようとする人々が増えてくる。わずかな元手で一ヤマあてようとする投資家たちにとって、商人銀行家が供与してくれる信用が誠に魅力的だった。

カネはカネを呼ぶ

それればかりではない。武士は食わねど高楊枝の貴族たちも、次第にマーチャント・バンカーの資金力をあてにするようになっていった。封建時代から遠ざかるにつれて、貴族たちはだんだん貧乏になる。従来のように領民からカネを絞り取るわけにはいかない。だが、体面は保ちたい。生活水準は落としたくない。辛いところだ。

ただ、幸いにして彼らは土地をもっていた。広大な領地はあった。そもそも、この領地の維持・管理のためにもカネが必要だったのである。そこで、彼らはこの土地を担保にマーチャント・バンカーから融資を受けるようになっていった。不動産担保金融の誕生である。

貴族のためのバンキングは、やがてお国のためのバンキングへと発展した。国が大きくなれば、財政規模も拡大する。国家を運営するために必要な資金量は膨らむ一方だった。そのうえ、何といっても当時はまだまだ戦争に明け暮れる時代である。スペインとの戦争もあれば、ナポレオンとの戦争もあった。戦費調達は政府にとって常に重くのしかかる財政課題だったのである。

こうした国庫の事情との関係でも、マーチャント・バンクはなくてはならない存在となっていくのであった。

18世紀後半を迎えた段階では、その勢力はもはや誰の目にも明らかになっていた。1760年に国王ジョージ3世が即位した際、式典には実に810人の商人バンカーたちが参加した。そのうち、少なくとも250人は外国人だったといわれる。やがて、その最高峰に君臨することになるのが、フランクフルトからやってきたドイツ系ユダヤ人一族、ロスチャイルド家である。

ロンバード街のマーチャント・バンカーたち
『The City of London Vol.1. A World of Its Own 1815–1890』（David Kynaston著、Pimlico、1995）から

とはいえ、商人銀行業のすべてが外国人によって独占されていたわけではない。最も早い時期から商人バンキングに手を染めるようになったシティの一員として、金細工商たちの存在を忘れるわけにはいかない。

高価な金細工を扱う彼らには、誰もがうらやむ貴重品保管体制が整っていた。それを頼りに、やがて他の商人たちが彼らに現金や資産の保管を依頼するようになる。ここに、預金を元手とする信用創造の原点があるといっていい。多くの人々の富の倉庫役を果たすようになった金細工商たちは、次第に手形や小切手の発行主体に変貌していった。

カネはカネを呼び、富は富に吸い寄せられる。その力学を絵に描いたような存在がこの「金匠銀行家」たちだった。あの人たちにカネを預けておけば安心だ。財産管理はあの人たちにお願いしよう。もともとリッチな彼らだから、カネを預けても大丈夫。ネコババするようなことは決してない……。

そうした信頼感に基づいて、同じ商人仲間から、貴族から、成り金のニューリッチ族から、続々と資産が金匠銀行の手元に集まってくる。「彼らはあまりにも裕福であまりにも信任が厚い。その結果、この王国のすべての資金が彼らに預託されていくのである」とは、時のクラレンドン伯、エドワードの言葉だ。1759年に書かれた彼の自叙伝にこの一文がある。

ホア銀行とベアリング商会

　金匠銀行を代表する存在の1人が、リチャード・ホアだ。彼は1672年に金細工商のビジネスを始めた。開店場所はシティの心臓部、チープサイドだった。イングランド銀行の目と鼻の先である。そのイングランド銀行がまだ誕生していなかった1690年に、ホアは本格的な銀行業の看板を掲げる。この新規事業の立ち上げのために、彼はフリート・ストリートに引っ越した。フリート・ストリートといえば、ご存知、ロンドン名物の新聞街だ。近ごろでは、多くの新聞社がシティを離れ、テムズ川の南側に引っ越してしまったが、情報のるつぼとしてのそのルーツは16世紀に遡る。

　情報と金融は切っても切れない。ホア氏が銀行業の本格開始に当たって、拠点にフリート・ストリートを選んだのはうなずけるところだ。驚くべきことに、ホア銀行はいまでも同じところで営業している。フリート・ストリート37番地である。いまでもホア家がオーナーだ。お金持ちのイギリス人たちを相手に、資産運用を引き受けている。富裕層を対象とするプライベート・バンキングだ。形を変えて、21世紀に息づくマーチャント・バンカー魂というところである。

こうして、いまなおシティの伝統を担い続けているのがホア銀行だ。それに対して、同様の伝統を誇りつつ、あえなく金融グローバル化の犠牲となったもう一つの旧マーチャント・バンクがある。その名はベアリング・グループである。ベアリング商会として、1763年に旗揚げした。場所はホア銀と同じチープサイドで、初代経営者のフランシス・ベアリングは、数あるシティ商人たちのなかでも、他の追随を許さない勇名を馳せるに至った。だが、その華麗な歴史の幕切れは1995年にやってくる。その顛末については、第四章で取り上げたい。

シティの悪役、その名は株式仲買人

ここではマーチャント・バンクと肩を並べるシティのもう一団の花形役者たちに注目したい。彼らは、株取引の仲介業者たちである。

イギリスに株式会社が誕生したのは16世紀半ばのことで、その仲介ビジネス、つまり株の取引ビジネスも、17世紀末までにはその骨格がかなりしっかりできあがっていた。仲買人たちを大別すれば、「ブローカー（broker）」と「ジョバー（jobber）」に分かれる。

ブローカーは、顧客である投資家の指図で株を売り買いする。それに対して、ジョバーは、自己勘定で株取引を行う。そうすることで、彼らは市場そのものを組成し、その継続を支えた。

ブローカーたちが、いくら顧客の指図通りに株を売り買いしようと思っても、売買の相手をしてくれる人々が存在しなければ、取引はすぐに行き詰まってしまう。こうして市場が干上がらないように、市場を「つくる」ことがジョバーたちの役割だった。彼らを別名「マーケット・メーカー」と呼ぶゆえんである。

ジョバーとブローカーの二人三脚がシティにおける株式市場の発展を支えたわけだが、初期のシティにおいては、両者の機能分担は必ずしも厳格に区分けされてはいなかった。ジョバー兼ブローカーの兼業スタイルが多かったのである。というよりは、必要に迫られて、自然発生的にブローカーがジョバー役を務め、ジョバーもまた、時と場合によって顧客勘定取引に関わるという具合であった。

だが、時代が下るにつれ、次第にこの兼業方式は利益相反と利益誘導につながって、公正でバランスのとれた市場形成を阻害するという認識が深まった。それは当然だ。ジョバーたちが、ブローカーの立場に立って自分の顧客に有利なようにマーケット・メークをしたのでは、市場は正常に機能しない。例えば、ある投資家が手持ちの株を売りたがっていたとする。その売り注文を受けたブローカーがジョバーを兼業していると、何が起こるか。このブローカーが顧客を儲けさせたいと思えば、彼はまずジョバーの立場に立って当該株の買い占めにかかる。そうしてうまい具合に相場がつり上がったところで顧客の売り注文を実行すれば、顧客は株が高値で売れて大喜びだ。こんな利益誘導が横行したのでは、ま

コーヒーハウスが建ち並ぶ風景（18世紀後半）
『イギリスの生活と文化事典』（安東伸介・小池滋・出口保夫・船戸英夫編、研究社出版、1982）から

ともな株価形成は期待できない。そこで、両者の兼業を禁止する単一資格制度が生まれる展開となった。

ところが、つい最近の1980年代に、この兼業規制がシティの発展の足かせになるというので、単一資格制度は廃止されることになる。その是非を巡って、今また論議が高まっているのが実情だ。こうして、シティの株式仲買人たちを巡る体制は二転三転して今日に至っているのだが、この話は本書後半のテーマだ。

株取引は秩序と礼節を重んじよ

話を元に戻そう。黎明期のジョバーとブローカーたちは、多分にシティの悪役だった。歌舞伎の役どころに、白塗りと赤塗りというのがある。白塗り役の役者は顔を真っ白に塗って貴公子然としている。主人公の肩を持つ善玉の清らかなイメージだ。他方の赤塗り役者は真っ赤な顔がいかにも下品だ。主人公をいびる敵役の悪玉である。

シティにおける赤塗り組がジョバーとブローカーだった。それこそ、利益誘導的に株価を操作して世の中を翻弄する曲者揃いの顔ぶれだった。それに対して、白塗り的品行方正さを身上としたのがマーチャント・バンクである。顧客の善良なる利益代弁者。それが、商人銀行家たちの誇りとするところであった。

むろん、マーチャント・バンカーのなかにも不心得者もいれば、山師もいた。だが、総じていえば、文字通りのマーチャントであった時代からの手堅い商人気質が引き継がれていたといえるだろう。そのイメージが崩れれば、上得意の同業者や貴族や政治家たちにそっぽを向かれてしまう。したがって、お行儀よくしていることは、彼らにとって我が身の安泰にもつながったわけである。

それに対して、株式仲買人たちの方はといえば、これはもっぱら腕が勝負だ。お行儀よくしている暇があれば、利益相反であろうが何であろうが、市場を盛り上げて儲けを増やすことこそ、彼らがもって任ずる使命であり、存在意義だったのである。

そんな彼らの行状に手を焼いて、やがて証券取引に関する一定の規制が設けられるようになっていく。1812年に成立した一連の規制法制には、その冒頭に次の一文がある。

「証券取引所への参加者たちは秩序と礼節を重んずるべし……。証券取引所への一般市民の不信感を触発する無礼で軽薄な行動は慎むべし……」

ジョバーとブローカーたちの無頼漢ぶりを彷彿させる語り口だ。

あのリカードは敏腕ジョバー

ところで、前記の規制に登場する証券取引所は1773年に誕生した。それ以前の株式取引は、もっぱらシティ名物の「コーヒーハウス」で行われていた。要は喫茶店、あるいはカフェである。

いわば、同業者たちのための貸し会議室業。それがコーヒーハウスの役割だった。最も有名なのが、チェンジ・アレーにあった「ギャロウェイズ」だ。今日であれば、確実にインサイダー取引で御用となるような商談・密談の数々が、コーヒーハウスの薄暗い店内でさかんに行われていたのである。

コーヒーハウスの面影は、今日のシティにも名残をとどめている。土間におが屑を撒いた感じの汚い床。天井が低くて昼なお暗いインテリア。そうした往年の典型的なコーヒーハウス・ルックは、飲食街にまだまだみられる。ギャロウェイズの名を冠したお店もある。まずいイギリス飯の伝統は、コーヒーハウスから生まれたのかもしれない。

ここで、コーヒーハウスの密談に大いに花を咲かせた1人の人物を紹介しておこう。その人の名はデービッド・リカード。ご存知、貿易における比較優位の理論を編み出した、あの経済学者である。

実をいえば、彼は理論家であると同時に敏腕のジョバーであった。その才能は親譲りだったのだろう。彼の父親、アブラハム・リカードは、もともとアムステルダムで株式ブローカー業を営んでいた。彼もまた、シティの繁栄に引き寄せられてイギリスに移り住んだ金融業者の一人だったのである。

ある時は、エコノミスト顔で金融政策を語り、またある時は、やり手ジョバーとして気炎を上げる。そんなリカードの華麗な株価操作に翻弄されて、大損を被るマーチャント・バンクもあった。くしくも、その一例がアブラハム・ゴールドスミッドである。

この人の時ならぬ自殺が、ロンドン中を震撼させたことは既述の通りだ。まさか、リカードの手練手管が彼を自殺に追いやったわけではあるまいが、リカードのおかげで、かなりストレスがたまった面はあったかもしれない。経済学の始祖の1人が赤塗りの敵役だったとは、シティの奥深さに感服もし、呆れもする。とんでもない街である。

イングランド銀行、瓢箪から駒の中央銀行

ここでは、イングランド銀行にご登場いただく。マーチャント・バンクに株式仲買人と、シティの役者が出揃えば、第3の花形として中央銀行の存在を語らないわけにはいかない。もっとも、イングランド銀行がいわゆる中央銀行としての位置づけを固めたのは、19世紀も半ば以降のことである。それまでは、お国のための御用銀行でありながら、一方では、あくまでも一介のマーチャント・バンクに過ぎないという二重人格的存在だった。その辺りに注目しながら、ここでは長いイングランド銀行物語の序盤をみていこう。

イングランド銀行が誕生したのは1694年のことである。直接的には、国の戦費調達要請に応えての設立であった。時の国王はオレンジ公ウィリアム3世である。1689年、彼は王位についた。1688年の名誉革命成就によって、革命派の旗頭として即位したのである。

即位してみれば、そこから先は戦火の絶えない日々となった。ルイ14世のフランスとの長い戦争に明け暮れたのである。そのための膨大な戦費を賄うには、税収だけではとうてい不十分だった。資金力が豊富で資金集めのノウハウにも長けた助っ人が必要になったのである。

戦費調達に明け暮れる

国のそうした要請を受けて立ち上がったのが、シティの商人たちだった。お国のために一肌脱ごうというわけで、急きょ、王室御用達銀行の設立に走った。そうして誕生したイングランド銀行は、もとより、政府に対する直接融資も行ったし、国債の引き受けと消化も差配した。財源を直接的に提供すると同時に、国債管理政策の責任機関としても機能したということである。こうなれば、事実上の財務省だ。

議会からは、戦費調達のための緊急対応機関なのであるから、戦火が峠を越えれば解散すべきだ、という声が折にふれて高まった。だが、そんな非難の火の粉をかいくぐりながら、イングランド銀行は今日的意味での中央銀行への道を歩み続ける。店仕舞いを免れたについては、要するに18世紀を通じてイギリスが、常になんらかの形で戦争状態にあったことが大きい。戦費調達要請が絶えない限り、イングランド銀行の存在もまた安泰だったのである。

ただ、それればかりではなかった。イングランド銀行の生命力の背景には、その設立発起人たちのしたたかな思惑が働いていた。その思惑とは、国のお墨付きの下で、商人による商人のための大銀行を設立するということだった。

イングランド銀行構想のそもそもの起案者はウィリアム・パターソンという貿易商である。彼とその仲間たちは、国とのつながりをバックにマーチャント・バンク業を独占することを考えたのであった。そこで、パターソンはオレンジ公ウィリアムに対して総額120万ポンドの融資を持ちかけた。貿易で大儲けしたパターソンとその商人仲間たちにとって、用意するのは造作もない金額だった。この融資の見返りとして、彼らは「イングランド銀行会社」としての営業権と独自の紙幣発行権を政府に公認してもらう。それがパターソンの目論見だった。なにせ、構想通りに事が運べば国家に対する債権者の位置につくのである。その信用たるや、絶大なものになることは請け合いだった。そうなれば、商人のための商人による金融の世界はイングランド銀行の独壇場になる。それを狙っての旗揚げであった。

イングランド銀行内の会議室
『The City of London Vol.1. A World of Its Own 1815–1890』（David Kynaston著、Pimlico、1995）から

国に信用を供与することで、国の信用を背景とする銀行業を確立する。海賊の末裔たちならではの大胆不敵な発想だ。シティの繁栄と国の繁栄は、ますます切っても切れない関係を深めることになっていった。ちなみに、設立当初のイングランド銀行は、「ロンドン銀行」という風に呼ばれることが多かった。この辺りにも、シティによるシティのための銀行としての当初イメージの強さが表れている。

かくして、イングランド銀行の創設者たちは、思う壺の展開を享受することになった。だが、それには1つ大きな代償が伴った。それは、次第に金融システムの安泰を保障する管理責任者としての機能を期待されるようになったことである。マーチャント・バンキングを完全に独占するまでには至らなかったが、彼らは思惑通りの支配的位置づけを確保した。となれば、そこには、金融システムの頂点に立つものとしての責任が発生する。

誰に対してどこまで信用を供与するのか。どのようなビジネスに対してなら資金を提供していいのか。そもそも、信用創造をどの程度の規模で行うのか。これらのことについて、イングランド銀行がどう判断してどう動くのか。それによってイギリス全体としての金融の在り方が決まる状況になっていたのである。そこまで行けば、イングランド銀行に「システム管理者」としての責任が発生するのは当然だ。

国家を動かす一大エンジンに

海賊の末裔たちにとっては、このような役回りは、かなりうっとうしいものであったに違いない。夢が実現するほど怖いことはないというのは、まさに、このことだ。かくして、本人たちにとって想定外の展開によって、ロンドン銀行はイングランド銀行となり、国の金融の中軸的管理者となり、やがては大英帝国の通貨であるポンドの価値の番人となっていくのであった。

海賊バンキングが紳士のなかの紳士たちによるセントラル・バンキングに変貌していくプロセスだ。そのなかでは、通貨制度としての金本位制との関わりが重要な役割を果たすことになる。

このように、半ば誤算も手伝って中央銀行化することになったイングランド銀行なのである。だが、18世紀後半に入った時には、その地位はかのアダム・スミスをして、「通常の銀行であるのみならず、国家を動かす一大エンジン」と評させるものになっていた。これは『国富論』の中の一節だ。『国富論』の刊行は1776年。その5年後、1781年には、時の首相、ノース卿が議会演説のなかで「長年の慣行と業務遂行によって、イングランド銀行は今や国体の一部を形成するに至っている」と宣言した。いわば瓢箪から駒のような格好で「国体の一部」と化していくイングランド銀行に対しては、そうなればなるほど、悪口雑言の洪水も激しさを増した。その急先鋒としてまたしても登場するのが、ジョバー兼エコノミストのデービッド・リカードだ。

ついには下院議員にまでなってしまったリカードは、イングランド銀行を商人どもの金融業と揶揄してやまなかった。庶民の味方派エコノミストを自称するリカードに言わせれば、イングランド銀行は「全く無用の存在」だった。彼にとっては、どうもイングランド銀行をこき下ろすのが3度の飯よりも楽しいことだったらしい。火事と喧嘩が江戸の華なら、シティの華は金融と毒舌の攻防というところだ。

第二章　ジェントルマン資本主義の誕生

紳士の金融、シティを制す

ここでは、本書の副題にある「ジェントルマン資本主義」について考えてみたい。ジェントルマン、すなわち紳士の語源は、ラテン語のジェンティリス（gentilis＝「人種」の意）に遡る。高貴な家柄の男たちをイギリスでこう呼ぶようになったのは14～15世紀からのことだ。高貴な家柄とは、言いかえれば武人だということである。少なくとも、当初はそうだった。剣を手に持ち、頭上には紋章もあざやかな旗翻る雄姿こそ、貴族であり、ジェントルマンであることの究極のあかしだったのである。

だが、そんな軍人紳士たちも、時代とともに次第に肩身が狭くなる。18世紀を通じてイギリスは大陸欧州との戦争に明け暮れた。その後も大英帝国の切り込み隊および防波堤として、活躍の場こそ、絶えることはなかった。

だが、生活基盤はとなると、話はずいぶん違ってきた。封建時代のようなわけにはいかない。領民からカネを巻き上げての左団扇の時代は遠ざかるばかりだった。

かくして、武士は食わねど高楊枝の時代が来てしまう。この境遇に陥った時、武士たちが最も頼りにするのは誰か。高楊枝をつくる名職人か。それとも、高楊枝を買う資金を提供してくれるカネ貸しか。答えは自明だ。後者に決まっている。ここに、ジェントルマン軍人とシティの主役たちとの接点が生まれた。

鯵と鯛が出会う時

主役たちのうち、いち早く紳士のための金融に進出したのが、マーチャント・バンクであった。それはよく分かる。

同じシティの主役といっても、ジョバーやブローカー、すなわち株屋はどうも品がない。前述の通り、歌舞伎なら赤塗りの悪役だ。それに対して、マーチャント・バンカーたちは品行方正な白塗り役のイメージだ。貴族の皆さんとしては、おのずと、マーチャント・バンクの方に親近感を抱く。商人上がりの彼らは、生来、腰が低いし、上流階級の扱いにも慣れている。ジェントルマン軍人たちが、高楊枝代の無心先として彼らを選ぶのは当然だった。

こうして、ジェントルマンたちとのお付き合いが始まったシティのマーチャント・バンク業界は、次第にそれ自体がジェントルマン化していくことになる。彼らにはカネはあるが地位はなかった。シティのなかでは白塗り役だといっても、そこを一歩出れば、しょせんは商人である。土地持ち貴族たちが腐っても「鯛」なら、カネ持ち商人たちはどんなに生きがよくても、せいぜい「鰺」だ。

鰺はやめて鯛になりたい。商人銀行家のその願望が、軍人紳士たちのためのカネ貸し業を通じて、徐々に実現されていくのであった。彼らが〝鯛化〟するには、クリアすべき条件が3つあった。「住・縁・政」である。

住は、つまり住む場所だ。上流階級は職住近接ではいけない。鯛になりたいなら、まずは、シティに住むことをやめなければいけなかった。それだけではない。住まいは2つ必要だ。都心と郊外。

都心といっても、シティではなくて、ウエスト・エンドである。今日のお洒落とお芝居の中心地だ。かつては、ここが軍人紳士たちのタウンハウスの中心地だった。まずは、そこに居を構えることが、鯛化へのファースト・ステップだ。

郊外の方も、場所の選択は注意を要する。あまり北はいけない。北に行けば行くほど、

投資家に最敬礼するジェントルマン・バンカー
『Big Bang』（Ian M. Kerr著、Euromoney Publications）から

そこは職人の世界、産業の世界だ。汗水流して高楊枝をつくる職人たちが住む水は、鯛はおろか、鯵とも、馴染みの薄い水だった。

鯛化を目指す商人銀行家たちは、イングランド南西部に邸宅を持つことが必要だった。そここそ、貴族たちの昔ながらの居住地である。キツネ狩りという極め付きの貴族趣味は、もっぱらこの一帯を中心に栄えた。

住居が整えば、次は縁である。ジェントルマンには血筋が大切だ。しかし、血筋は自力ではどうにもならない。そこで、縁戚関係を通じて血筋を整える。カネ持ちと土地持ちとの間の政略結婚である。

そして最後に政である。うまく手に入れた血縁関係をテコとして、政界デビューを果たす。これが成り金紳士の最終ゴールだ。議員さんの座を手に入れれば、もはや、誰も文句はつけない。れっきとしたジェントルマンの誕生であった。

政略結婚で後継ぎが誕生すれば、そこから先はもう成り金ではない。ジェントルマン資本主義の担い手として、2代目たちは政界に財界に、そして社交界にと、大手を振って進出していく。これで鯵の鯛化は完成に至る。ここまで来ると、商人銀行家たちにも紋章の利用が許された。名字帯刀の栄誉を手に入れるというわけである。

ジェントルマン資本主義の完成

一方、鯛の側からみても、鰺の世界に足を踏み込むのは悪い話ではなかった。武勇だけでは生きていけない時代となるにつれて、ますます高楊枝生活は辛くなる。そんな彼らに、商人銀行家とのつながりを通じて新たな展望が開けた。シティへの天下りの道である。大きなマーチャント・バンクの役員に就任するというコースだ。もとより、金融の「き」の字も知らないのであるから、当然、仕事をすることは求められない。要は名義貸しである。

貴族様の名前が役員名簿にあることで、銀行側は箔がつく。貴族側は何にもしないで収入と安定した職場が得られる。絶妙なパートナーシップであった。本人たちばかりではない。行き場を失った部屋住みの二男坊、三男坊は、どこの貴族もてあましていた。多少の縁戚関係ができれば、それらの厄介者たちをシティのどこかに押し込んでもらえる。腐りつつある若き鯛たちに、鰺の庇護の下で生き延びる道が開けるのであった。

こうして鰺と鯛との融合・合体が進むなかで、ジェントルマン資本主義の骨格ができ上がっていく。

「紳士に二言なし」の暗黙の了解のなかでカネは動いた。ルールもなく、規制もなく、監督者もいないなかで、富の拡大再生産がどんどん進む。その富が大英帝国の戦費となり、国家財政の基盤を形成する――。よくできた仕組みであった。それによって、たそがれ時を迎えつつあった軍人紳士たちに、第二の人生が与えられた。そして商人銀行たちは、栄えある伝統社会との継続性を勝ち取ることができた。

この奇妙な鯵と鯛の二人三脚によって、イギリスに固有のジェントルマン資本主義の世界が形成された。それがシティを一段と繁栄させた。だが、驕れる者は久しからず。産業資本の本格的な台頭とともに、この世界も大きく揺らぐことになっていく。その顛末には、またいずれ立ち戻る。

金融の街の非金融的人間たち

いまでこそ、シティはひたすら金融の街だ。同時に昼間だけの街でもある。今日のシティの昼間人口は34万人。それに対して、居住人口はわずか1万人である。オフィス・アワーが終われば、たちどころに閑散とする。

だが、ジェントルマン資本主義華やかなりし当時は、シティの様子もずいぶん違っていた。1815年、シティの居住人口は12万2000人だった。今の10倍強だ。当時のロンドンの人口の10分の1に相当する。スクエア・マイルという狭い空間に、それだけの人間がひしめき合っていたのである。

その有り様を、1817年に赴任したアメリカの駐英大使、リチャード・ラッシュがこう書いている。

「……シティに行った。……その道路は人と物の洪水だ。石炭を運ぶ荷車をはじめ、その他諸々の乗り物が物資を満載して行き交っている。まるで大波のような車の流れが見渡す限り広がっている。馬が歩道すれすれに闊歩する。馬のひづめと荷車の車輪が人の脇をかすめて行く。よく事故が起きないものだと思う。その喧噪たるやものすごい」

当時の郵便局に備えつけられていた住所録には、実にさまざまな職種の人たちがシティの住人に名を連ねていた。商人銀行家や株屋たちは当然だが、昔ながらの商人稼業をそのまま続けている顔ぶれも多かった。雑貨屋さんもいれば、宝石職人もいれば、時計職人もいた。布団屋あり、内装店あり、仕立て屋あり。弁護士事務所もあれば、代書屋さんと、何でもありだ。

なにしろシティは、世界中から人が集まってくるところである。その人たちの衣食住すべてに絡む商売の数々が、シティの喧噪をいやがうえにも盛り上げた。あらゆる階層のあらゆる人々にとって、シティは限りなき吸引力を発揮するのであった。

金融が生む富に庶民も群がる

かくして、シティは紳士の金融の街でありながら、同時に庶民の生活の場としても大いに活況を呈した。紳士の金融が生み出す富に群がるしたたかな生活者たちによって、野卑

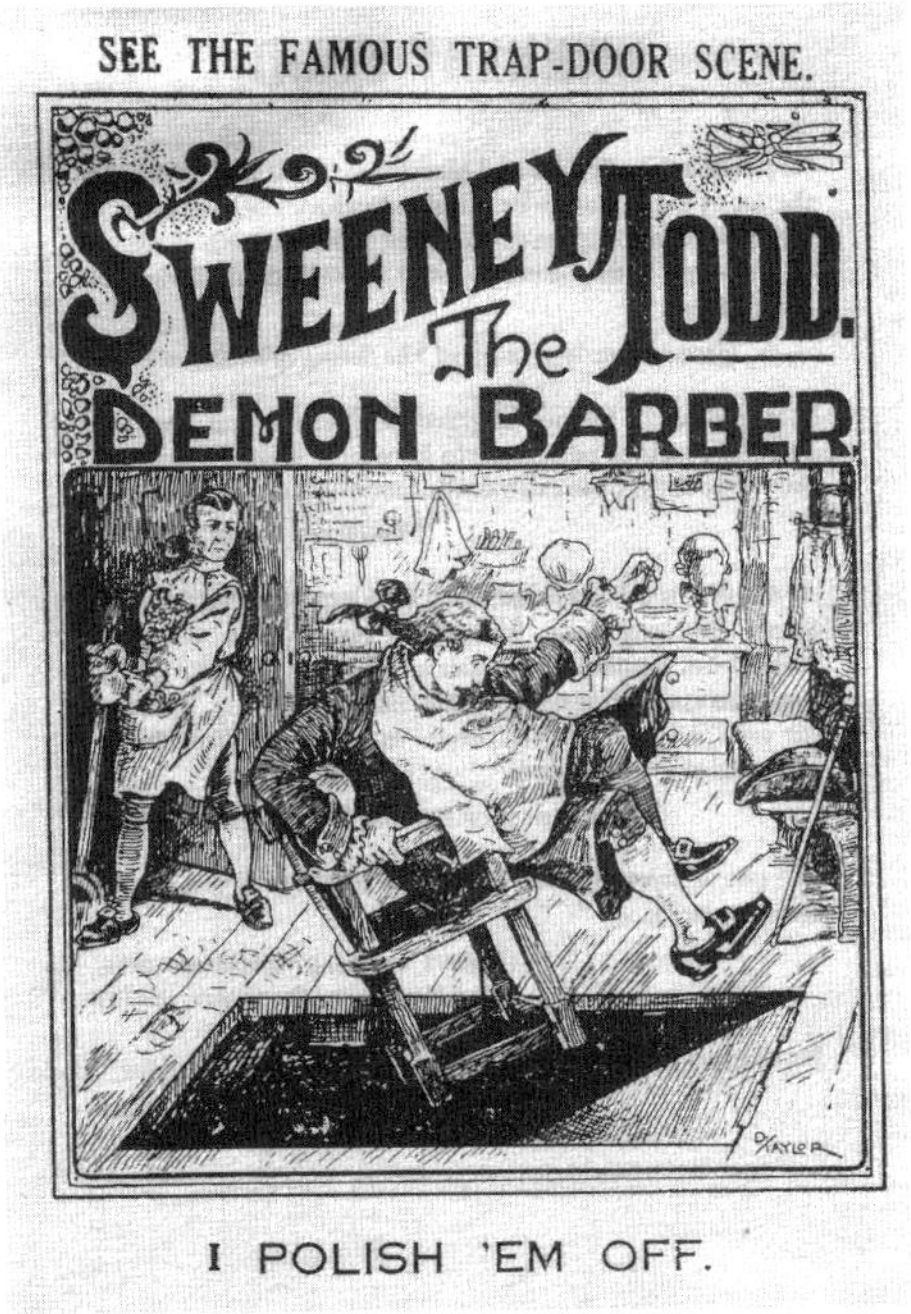

切り裂き理容師スウィーニー・トッドの犯行現場
『Sweeney Todd The Demon Barber of Fleet Steet』(Robert L. Mack編、Oxford University Press、2007)から

で陽気なコックニー文化がシティに根を下ろしていくことになる。

コックニーとは、ロンドンの下町文化あるいは下町人間を指す言葉だ。彼らの別名がイーストエンダーズである。西の山の手に対して東の下町。この構図は洋の東西を問わないらしい。ちなみに、コックニーの語源はラテン語で料理を意味するコクウィーナ(coquina)である。コックニーはコックさんに通じるというわけだ。

シティの底辺を支える下町気質のコックさんたちは、どんなものをつくり、どんなものを食べていたか。イギリス料理といえば、誰もがたちどころにローストビーフを思い浮かべる。それには相応の根拠がある。要するにコックニーたちの食生活はもっぱら肉食に偏していた。

1767年にシティをおとずれたドイツ人の牧師さんいわく、「……イギリス人の肉好きには驚かされる。外国人にはおよそ想像を絶するような巨大な牛肉の塊がテーブルの上に登場する」。同じドイツ人牧師の考察によれば、ロンドン庶民は1日1回、必ず牛か羊を口にしないと気がすまなかったらしい。巨大な肉片をビールで胃袋に流し込む。その精悍な姿は、まさにシティが発散するエネルギーの象徴だった。

ところで、人が集まるところには犯罪ありだ。シティのように世界津々浦々から人が集まってくれば、なおさら然りだ。ただでさえ、元海賊たちの街である。そこに世界の冒険商人や成り金狙いの山師たちが大集合するのであるから、事件が起こらないはずはない。

そんな雰囲気のなかで、18世紀から19世紀のシティを舞台とする推理小説や恐怖物語の数々が生まれた。代表的なのが、ご存じ、切り裂きジャック伝説だ。伝説といっても一応実在の連続殺人犯が主人公だが、その正体は突き止められないままに終わった。だからこそ、この人物を巡る伝説は人々の想像力を今日なお、駆り立て続ける。

切り裂きジャックと似て非なるシティの名物犯罪者が、スウィーニー・トッドである。19世紀半ばの三文小説に登場して一世を風靡した。こちらは完全なフィクションだが、切り裂きの親分に引けを取らない残虐犯だ。

彼の犯行現場は常に本人が経営する床屋の店内である。ひげを剃ってもらいに来たお客さんの喉を切り裂く。お客の喉元が血しぶきを上げたそのとたん、ひげ剃り台がぐるりと回転して死体は奈落の底に落ちていく。

シティを徘徊した偽乞食

できたての死体の引き取り手は、ミートパイ店を経営するミセス・ラベットである。彼女の店はシティきっての人気店。昼時ともなれば、店先に長蛇の列ができた。彼女になぜ人肉が必要だったかは自明だろう。スウィーニー・トッド理容室の所在地はフリート・ストリート。ミセス・ラベットのお店はベル・ヤードにある。フリート・ストリートには多くのマーチャント・バンクがそこに店を構えた。ベル・ヤードはそのすぐ裏手。いずれも同じ名前で今のシティに存在している。

この当時の犯罪小説を語るとなれば、かのシャーロック・ホームズ先生にご登場願わなければいけない。先生の事件簿に「まがった唇の男」というのがある。主人公はジェントルマン資本主義の典型的な担い手だ。

彼は、ジェントルマン資本主義の掟にのっとってイングランド南部のケント州に住み、毎日、シティに通っている。その彼が出来心から口のまがった乞食に化けて物乞い稼業で大儲けする。彼の物乞いの舞台がスレッドニードル・ストリートだ。スレッドニードルは縫い針の意。それこそ、糸のように細くていかにもシティらしい路地である。くしくも、その路地にそってイングランド銀行が建っている。

面白いことに、この作品には模倣犯が出現した。作品の発表年は1892年だが、その12年後の1904年に、ほとんど同じ手口の本物の偽乞食がシティに登場したのである。

その人の名はセシル・ブラウン・スミス。凝り性の模倣犯だったようだ。やはり郊外の閑静な住宅地に住みながら、シティのビショップスゲート界隈で体が不自由な乞食役を演じていた。

ビショップスゲート通りは大通りだが、その延長上にスレッドニードル・ストリートがある。若き警察官がその挙動に不審を抱いた。そこで尾行してみると、果たして彼は、ビショップスゲート裏の小道に飛び込み、やがてこぎれいな若紳士となって現れた。

その顛末は『スクエア・マイル犯罪録』（"Crime Within the Square Mile"）に記されている。当時のシティ警察本部に所属したアーネスト・ニコルス警部が残した記録だ。奇なる小説が奇なる事実を生んだ。いかにもシティらしい出来事である。

産業革命とシティ…カネとショー

イギリスといえば産業革命である。18世紀から19世紀にかけて、イギリスで進んだ一連の技術革新は、経済活動というものの姿形を一変させた。大英帝国の無敵の栄華も、産業革命がもたらした生産力と競争力なくしては語れない。

イギリス史上、そして世界史上にかくも大きな足跡を残したこの出来事に、シティはどのように関わったのだろうか。

論者によって見解は微妙に違うが、イギリスの産業革命については、およそ1750年代から1830年代をその盛行期とみるのが一般的だ。伝統産業である繊維工業を皮切りに機械化が進み、家内工業は工場生産へと変貌した。さまざまな技術革新が並行的に進んで生産力が飛躍的に高まり、輸送力が強化され、販路が拡大した。技術と経済の歯車が絶妙な形で嚙み合って、新たな富を生み出す無限ループが形成された時期である。

このプロセスに、シティは2つの側面から大いに貢献した。その1が、言わずと知れたカネの面。その2が、一味違う劇場主としての面である。

最初は産業人に警戒感

まずは、カネの方からみていこう。すでにみた通り、ここまでのジェントルマン資本主義の担い手は、土地持ち貴族とカネ持ち商人たちだった。彼らからみれば、次第に頭角を現してくる工場主たちは、なかなか違和感の強い存在だった。江戸期日本の階級制度が「士農工商」なら、ジェントルマン資本主義時代のイギリスの階級制度は「士商農工」というところである。

士と商はシティを通じて結びついている。農業はそれなりに重要だから、自分たちの次にランクづけする。だが、工業についてては、あまりよく分からない。とくに大規模工場生産となると、その意味するところにまったく実感がわかない。

ジェントルマンの世界は基本的に文系の世界だ。油まみれになりながら機械と向き合う理系の世界は、土地持ちとカネ持ちにとって至って縁遠い場所だった。

こんな具合であるから、ジェントルマン資本家たちは、かなりの警戒感をもって新興産業人たちをみていた。だが、革命的飛躍を遂げた産業の生産力には関心があった。大英帝国のますますの繁栄に寄与し、英国政府の財政を豊かにしてくれる限りにおいて、革命的産業人集団はジェントルマン資本主義にとって大いに支援すべき存在だったのである。

土地とカネにちやほやされれば、モノの世界の人々も悪い気はしない。彼らとお付き合いするうちに、産業人たちも次第にジェントルマン化していくのであった。腹の底では、モノづくりができず、機械が分からない彼らを軽蔑しつつも、どこかに、そこはかとないあこがれと羨望がある。一時代前のカネ持ちたちがそうであったと同じように、モノづくり人間たちもロンドン郊外に居を構え、シティやウエスト・エンドのジェントルメンズ・クラブ文化に打ち興じるようになっていった。

ちなみに、モノづくり人間たちがみずからを紳士化するにあたって、重要な役割を果たしたのが、かのパブリック・スクールという英国名物の教育機関である。パブリックとはすなわち公立の意かと思えば、さにあらず。端的に言えば、この場合のパブリックは「王族でなくてもいい」ということである。実態は良家の子息たちのための超高級私立学校だ。

モノづくりの旗手たちは、子供たちをパブリック・スクールに入れることで、ジェントルマン社会への関所手形を手に入れることを目指した。彼らにとっては、息子が立派な紳

19世紀初頭のイギリスの織物工場
「The Mansell Collection」（ブリタニカ国際大百科事典、TBSブリタニカ、1984）から

士に成長し、自分たちの北イングランドなまりとはまるで違う、貴族イングリッシュをしゃべるようになるのが無類の喜びだった。

ジェントルマン資本家たちの方も、これをそれなりに歓迎した。たとえ子供からの逆七光りのおかげであっても、自分たち並みの輝きに近づいてくれた方が、相手として付き合いやすくなるからだ。

こうして、土地とカネの二人三脚は次第に土地とカネとモノの三つ巴の構図に変貌していく。そして、最終的には産業資本が主導権を握るに至った……。

そう考えるのが一般的な歴史認識だ。もっとも、それについても論争はあるようだ。実をいえば商業資本と金融資本が支配力を維持し続けたのだという主張もある。その考え方の背後には、そもそも産業革命そのものを可能にしたのが、モノをつくるための資金を提供した金融資本、そしてつくられたモノを世界に運ぶ役割を果たした商業資本だったという発想がある。彼らは産業革命によって経済ドラマの主役の座を奪われたわけではない。むしろ、その底力が持続したからこそ、産業革命はその革新的力を発揮し、産業資本の蓄積も可能になった、という立論だ。特にイギリスの学者たちのなかで、この論争がいまなお盛んだ。

それはそれとして、大きな流れとしては、やはり産業革命を機に経済活動の構図は大きく変わったと考えていいだろう。ただ、シティの文化という意味では、いまでも土地とカネが結構、大きな顔をしている面は残っていると言えるだろう。メーカー上がりに本物のジェントルマンはいない。いかにも、そう言いたそうな雰囲気が、いまもスクエア・マイルのそちこちに漂っている。

シティが技術発表の場に

さて、シティが産業革命に貢献した第2の側面をみよう。劇場主としての側面だ。イギリス人の芝居好きはあえて言うに及ばない。なにせ、シェークスピアの国である。何でもドラマ仕立てにしなければ気が済まない。科学技術についてもそうである。産業革命とはすなわち技術革命だ。産業革命期は、その中心地であるロンドンに多くの発明家たちが集まってきた。

その発明家たちを舞台に上げて、大いにショーアップした形で彼らの成果を世の中に披露する。産業革命下のシティでは、そんなイベントが後を絶たなかった。科学技術ならなんでもいい。少し怖ければなおさらいい。グロテスクであっても一興だ。そんな思いにかられて、シティの粋人たちは「科学技術ショー」に足を運んだ。

そこには、切り裂きジャックやスウィーニー・トッドを生んだ怪奇趣味が多分に貢献していた。科学技術と黒魔術とは、お芝居好きのシティ人の頭の中ですっかり渾然一体化していたのである。事実、この時代には、科学技術や発明をテーマにした恐怖小説が続々と生まれた。代表的な名作に、「フランケンシュタイン」と「ジキル博士とハイド氏」がある。

当時の発明家たちにとっては、見世物小屋感覚で自分たちの技術を見に来られるのは心外だったかもしれない。だが、シティ的物見高さのおかげで、多くの大発明家が実験と発表の場を得た。古くはニュートン然り。エジソン然り、彼のライバルだったニコラ・テスラまた然りである。製鉄技術を開発したヘンリー・ベスマーも、機関銃づくりの始祖であるヒラム・マキシムも、シティで研究し、シティでその成果を披露した。

カネも好きだが、ショーも大好き。そんなシティ魂が産業革命に独特の追い風を吹き込んだ。

「打倒イングランド銀行」が生んだ金本位制

ここで、再びイングランド銀行にご登場願う。

第一章でみた通り、初期のイングランド銀行は二重人格者だった。基本的には商人たちのための商人たちによる銀行でありながら、一方ではお国のための御用銀行として大英帝国の資金基盤形成に邁進する。その意味では、半ば公的金融機関でもあった。より正確にいえば、あえて、御用銀行としての役割をとることで、一介のマーチャント・バンクでありながら、国のお墨付きを独り占めするという特権的な地位を確保していたわけである。

要するに、イングランド銀行の二重人格性はシティの商人たちが意図的に、そして巧妙に描き上げた自画像だった。シティの永遠の繁栄を揺るぎないものにするための仕掛けとして、公私2つの役どころを併せ持つ存在に自らを仕立て上げたのである。したたかなビジネスモデルだ。

だが、万事、過ぎたるは及ばざるがごとしだ。したたかさも巧妙さも、過ぎると思わぬしっぺ返しがくる。巧みに御用銀行と私的銀行の帽子を被りかえて繁栄を謳歌する。このイングランド銀行のやり方に対して、次第に世間の目が冷たくなっていった。あの御用銀行づらが鼻持ちならない。あのやりたい放題ぶりを何とかできないか。なんであんなにいばるのか。政治も産業も、そして同業者たちさえも、イングランド銀行の意図的二重人格作戦に非難の目を向けるようになった。

やがて、非難のまなざしは制裁の実力行使へと発展した。イングランド銀行のやりたい放題に歯止めをかけるための動きが議会で盛り上がったのである。そのための手段として使われたのが、金本位制という通貨制度であった。

キンの切れ目がカネの切れ目

金本位制とは、要するに金を通貨価値の裏付けとする通貨制度である。平たくいえば、「金（キン）の切れ目が金（カネ）の切れ目」となる通貨制度だ。金本位制をとる国は、国庫が保有する金の分量に見合ってしか、通貨を発行できない。具体的な仕組みとしては、まず、金平価というものを設ける。金の公定価格だ。例えば、1オンス＝1ポンドという具合である。金本位国の通貨当局は、いつでも、誰に対してでも、請求があれば、この公定価格で通貨を金と交換しなければならない。それができなくなりそうなら、通貨の発行量を減らさなければならない。かくして、キンの切れ目がカネの切れ目である。

イギリスでは、１６９７年に金本位制が確立した。イギリスにおける金本位制の歴史は古いわけである。ただ、一貫して金本位を採用し続けていたわけではない。戦争による中断がしばしばあった。

戦時下となれば、そうそう気前よく誰にもかれにも金を公定価格で売り渡すわけにはいかない。敵の手に渡るかもしれないし、そもそも、キンに切れ目が来てしまえば、武器を買うにもカネがない。こんなことになっては話にならないから、戦争をやりながら金本位を続けるわけにはいかない。

そして、以前にもみた通り、17〜18世紀のイギリスは要するに戦争に明け暮れていた。したがって、金本位国とは言いながら、このシステムを実際には作動させていない時期が長かったのである。イングランド銀行批判が高まった19世紀初頭の時点でも、実は１７９７年以来の金本位中断状態が続いていた。延々と続くナポレオン戦争によって、金本位を棚上げせざるを得ない状況下におかれていたのである。

ここで、反イングランド銀行一派が一計を案じた。時は1818年。宿敵ナポレオンもついに何とかやっつけて、大英帝国に久々の平穏の日々が訪れていた。そのことを踏まえて、時の英国首相、リバプール卿に対して1つの提案がなされた。提案者はウィリアム・ハスキソン。提案内容が金本位制の復活であった。

ハスキソンは成長株の若手議員で、首相の覚えもめでたい人物だった。その彼が金本位への復帰を提唱するに当たって、次のように述べている。「戦時はともかく、平和が訪れて3年目ともなれば、国庫が金融市場の言うがままになり続けているのはいかがなものであろうか。いかがわしい思惑で投機家たちが（通貨に関して）決める条件に甘んじ続けていていいのだろうか」。

この冒頭宣言をもって、ハスキソンの金本位復帰論が始まった。要するに、彼の狙いはキンの切れ目がカネの切れ目の体制を復活させることで、通貨発行に関するイングランド銀行の裁量権を封じ込めるということだった。金本位を中断している限りにおいて、通貨発行量が金保有量に応じて自動的に決まるというメカニズムは働かない。誰かが裁量的に通貨発行量を決めるしかない。

その裁量権を握っていたのが、ほかならぬイングランド銀行だったのである。御用銀行であるから、これは当然だ。実際問題としても、イギリスの保有金はそのあらかたがイングランド銀行の金庫の中に納まっていた。カネの番人はキンの金庫番でもあったわけである。そのような立場にあるわけだから、金本位中断状態下でイングランド銀行に通貨発行量の決定権が与えられるのは当然の成り行きだった。

だが、反イングランド銀行派には、これが大いに気に食わない。商人たちのご都合主義に基づいて、国に出回るカネの量が決められていいのか。そんな状態が続けば、すべては彼らの意のままだ。物価も金利も何もかも、まさしく彼らのやりたい放題だ。国王陛下にも議会にも、何の説明責任を負わずにやつらがカネの出回り方を決めていいのか。そんなことをいつまでも許していていいはずはない。

リカードの舌鋒

急進派の若手が勢いよく語るこの論法には、なかなかの説得力があった。しかも彼には有力なサポーターが存在した。またしても登場する名うてのイングランド銀行嫌い、かのデービッド・リカードである。思えば、この人もシティのジョバーとエコノミストの2つの帽子を被り分けてのし上がった利益誘導の名手である。その意味で、イングランド銀行の二重人格を彼がとやかく言うのも、実をいえばずうずうしい。

とはいえ、リカードの舌鋒が加われば、反イングランド銀行派は千人力だ。イングランド銀行の必死の抵抗もむなしく、1819年からの金本位復帰が決まった。

かくして、パックス・ブリタニカの象徴、金に裏打ちされたスターリング・ポンドの地位は、打倒イングランド銀行運動の中にそのルーツがあったというわけだ。シティならではの誕生秘話である。

シティ、外敵登場に揺れる

マーチャント・バンクに強敵現る。

当時のマーチャント・バンクは、いずれも典型的な同族組織であった。ファミリー・ビジネスである。海賊商人たちが、七つの海を相手取る冒険商法で富を蓄える。その富を元手に金融ビジネスを始める。そのビジネスは親から子へ、子から孫へと代々引き継がれていく。そこに他人資本が入り込む余地はなかった。ベアリング家しかり、ロスチャイルド家しかりだ。彼らは、名実ともに「私的銀行」（private bank）であった。

この私的組織としてのマーチャント・バンクに対して、強力なライバルがシティ物語の舞台に躍り出た。その名は株式会社銀行（joint stock bank）である。読んで字のごとく、株式を発行することで他人資本を受け入れる組織形態だ。

イギリスにおける株式会社の歴史は古い。16世紀に遡る。だが、銀行業と株式会社形態の関係には、なかなかの紆余曲折がある。

まず、1697年に議会の条例によって、イギリスの中のイングランドとウェールズ地方における株式会社銀行の組成が禁止された（独立心旺盛なスコットランド地方はこれを無視して我が道を行った）。ただし、この禁止令には唯一の例外規定があった。

なんとか既得権益を守りたい

なぜ、株式会社銀行はダメなのか。例外を認められたのは誰だったのか。それについては後述する。

株式会社禁止令は、その後100年以上にわたって続いた。解禁の時が来たのは、1826年のことである。ただし、この解禁はロンドンから半径65マイル外の地域に関するものだった。ロンドンを含む英国全土での株式会社銀行の設立が解禁されたのは、さらに7年後の1833年のことである。

どうして、このような経緯をたどったのか。それも、後述する。

株式会社銀行の多くは、地方の銀行であった。そもそも、当初はロンドン内での設立が許可されなかったのであるから、これは当然だ。ただ、現実問題としても地方で銀行業を

株式会社銀行との攻防華やかなりしころのイングランド銀行
『The City of London Vol.1. A World of Its Own 1815–1890』(David Kynaston著、Pimlico、1995)から

営むには、シティ型の同族経営では限界があった。それだけの富をシティの外で一商人の同族組織が蓄積するのは難しかったのである。

さりとて、地方に金融機能に対する需要がないわけではなかった。大英帝国の繁栄は地方都市にも及んだのである。地域経済を回していくためにも、金融機能は必要だった。産業革命期には、北イングランドを拠点とする製造業の資金需要も高まった。そうした地域経済の要請が満たされるには、株式会社銀行の解禁は大いに歓迎される展開であった。

さて、ここで1697年禁令の例外規定、その解禁理由、そして解禁が当初はロンドン外に限られたという判じ物の謎解きをしよう。

まず、1697年禁令の例外対象はイングランド銀行であった。言いかえれば、この禁令はイギリス（スコットランドを除く）において、イングランド銀行以外の銀行に株式会社形態を許さないためのものだったのである。しからば、なぜ、イングランド銀行だけには株式会社形態が認められたのか。それは、さもなくば、イングランド銀行自体が設立も存続もあり得なかったからである。

ここで第一章でみたイングランド銀行の正体を思い出していただきたい。大英帝国御用達銀行として幅を利かせたが、その実は、シティの商人たちが自らの利益代弁者を創設すべく、カネを出し合い、ヒトを出し合ってつくった合同組織である。まさしく、株式会社であった。「イングランド家」という名の商人銀行が存在したわけではない。例えば、ロスチャイルド家がシティの総意を受けてイングランド銀行を兼務したというわけでもない。

そのような形が取れるなら、何も、私的銀行たちが寄り合って株式会社銀行をつくる必要もなかったわけである。だが、自意識過剰で利益誘導癖の強い彼らにとって、誰か1人を商人銀行代表として君臨させるのはあまりにも抵抗が大きい選択だったのだろう。

というわけで、私的銀行集団のための株式会社銀行ができ上がった。ここで、ほかにも株式会社銀行が立ち上がり、イングランド銀行の地位を脅かすようになったのでは、元も子もない。そこで、彼らは財布の紐を握っていることをたてに国に圧力をかける。イングランド銀行による株式会社形態の占有を制度化しろと迫ったのである。

国としては、これに逆らうわけにはいかなかった。何しろ、彼らなくしては戦費調達に目途が立たなかったのである。こうして1697年の禁令が誕生した。

それが1826年に解禁されたのはなぜか。1825年にイギリスを襲った金融危機がその答えである。経緯はさておき、多くの金融機関倒産をもたらしたこの危機については、イングランド銀行が専ら犯人視された。

追い詰められついに本丸開城

イングランド銀行犯人説の論法は次の通りだ。

イングランド銀行が株式会社形態を独占するから、他の金融機関は大きくなれなくて、経営が安定しない。資金がシティのマーチャント・バンクばかりに集まって、地方にカネが回らない。何かと資金繰りがうまくいかない状態が続いてきた。しかも、イングランド銀行は御用銀行としての地位を享受しているくせに、お国と国民のために金融システムの安定に気を配るということは一切しない。この巨大銀行の存在が危機をもたらした。

この主張にはそれなりの説得力があった。政府も、あまりイングランド銀行をかばってばかりいると、国民の不満が募って我が身が危うい。そこで、１８２６年の株式会社銀行解禁令となるわけである。

ここまでくると、この解禁措置がとりあえずロンドンの外に限られた理由はもはや自明だろう。イングランド銀行の勢力範囲内については、何とか、治外法権を残すことで、マーチャント・バンクの権益を守ろうとしたのである。

だが、1833年にはついに本丸も開放せざるを得ない展開となった。スクエア・マイルにも、いよいよ、地方上がりの株式会社銀行たちが乗り込んでくる道が開けた。蟻の一穴が開いた。シティに外の風が吹き込んでくる時が迫っていた。

そのことに対して、シティは激しく抵抗した。株式会社銀行に何ができるか。彼らは紳士じゃない。パブリック・スクールを出ていない。シティを知らない。思いつくあらゆる雑言をあびせかけた。だが、時代は次第に株式会社銀行に軍配を上げ始めていた。その顛末を次にみたい。そこには、今日の銀行・証券間の垣根問題につながる1つの道筋がある。

マーチャント・バンクの敗北

シティ内における株式会社銀行の設立が認められるようになったのは、１８３３年のことである。シティの古顔、マーチャント・バンクは彼らの進出に極度の拒絶反応を示した。それもそのはずである。新しいライバルの登場を、それまでの特権階級が嫌がるのは世の常だ。しかも、マーチャント・バンクは、株式会社銀行に対してことのほか強い天敵意識を抱いていた。

なぜなら、マーチャント・バンク業界にとっての「我らが代表」、イングランド銀行が株式会社組織であり、その地位を脅かす挑戦者の出現は、彼らが最も心血を注いで阻止しようとしてきたテーマだったからである。

これだけでも、株式会社銀行のシティ入りはマーチャント・バンクにとって耐えがたい屈辱だった。だが、さらにそのうえ、彼らの神経を逆なでした要因がある。それは、新参者たちが、あらゆる意味で自分たちと対照的な存在だったからである。

同族経営のマーチャント・バンクの世界では、すべてがインフォーマルな形で進む。あまり事務的、実務的に物事を取り運ばない。貴族との付き合いが長く、パブリック・スクールで紳士道を磨き上げた商人銀行家は、あからさまにビジネスの話をすることを嫌がった。果敢に営業に出ることなど、もってのほかだった。

ハングリー精神を失う

1860年代の商人銀行業界を代表する存在、ジョージ・グレンフェル・グリーンいわく、「どうも、近ごろは積極的に新規顧客の開拓に奔走するのが流行りらしい。正直なところ、私にはそんなことはとてもできない。友人のお役に立つためなら、話は別だが」。

ここまでくると、かつては海賊だった商人銀行家も、もう、すっかり貴公子だ。衣食足りて礼節を知り尽くした彼らの生態を、著作『ロンバード・ストリート』で知られる、かのウォルター・バジョットが次のように解説している。

「銀行家の資質は遺伝的なものだ。富の相続は品位の相続を伴う。銀行業とは注意深い見守りの業であり、あくせく働くような性格のものではない。ロンドンの銀行家は、至高の知的社会の一員たることを許される。彼らほど、恵まれた地位にある者は他にいない」

大したものである。だが、かくして礼節を知り過ぎたことが、結局は、株式会社銀行との闘争において、彼らを不利な立場に追い込んでいく。

都会派のマーチャント・バンクに対して、株式会社銀行の大半は田舎派だ。質実剛健が身上である。「至高の知性」など、どうでもいい。株主に対する収益責任があるから、「見守りの業」だなどといって、乙にすましてはいられない。あくせく働いてこその株式会社銀行だ。魅力的な金利を提示して、預金もどんどん集める。

一方で、マーチャント・バンクは、そもそも、預金に金利をつけることさえ、いやがる傾向があった。金利をエサに客を釣り寄せるなど、そんな卑しいことはしたくなかったのである。

ここまでハングリー精神を失ったマーチャント・バンクは、もはや、株式会社銀行の敵ではなかった。「売り家と唐様で書く三代目」よろしく、市場を新参者たちにどんどん奪われていくのであった。1850年代を通じて、シティの株式会社銀行業は、預金規模が900万ポンドから、なんと5倍近くの4300万ポンドまで膨らんだ。

その勢いに乗って、1854年には、ついにシティの手形交換所（London Clearing

ウォルター・バジョット　「ロンドンの銀行家ほど恵まれた地位にある者はいない…」
『ブリタニカ国際大百科事典』（TBSブリタニカ、1984）から

House）への加入が認められる。１８３３年のシティ内株式会社銀行解禁時には、マーチャント・バンク側の抵抗で加入が許されていなかった。その壁をついに打ち破ったのである。歴史的瞬間だった。

19世紀が後半に入ろうとするところでは、もはや、商人銀行家たちに新興勢力の進撃を撥ね返す力は残されていなかった。１８６６年時点で、イギリスには２４６行の同族系マーチャント・バンクと１５４行の株式会社銀行が存在した。ところが１９００年時点では、株式会社銀行77行に対して、マーチャント・バンクわずか19行という関係になっていた。株式会社銀行の数が減ったのは、彼ら同士の合併によるものだ。連携による大型化を目指す株式会社銀行に対して、マーチャント・バンクは次第に座して死を待つ状態に追い込まれていったのである。

シティに挑んだミッドランド・バンク

規模の問題ばかりではない。業務内容についても、商人銀行業界は次第に防戦に回ることとなる。１８７０年前後から、いわゆる引き受け業務を巡る攻防が始まった。引き受けとは、要するに信用保証である。貿易手形に関する保証人の役割を果たすことで、手数料を稼ぐコミッション・ビジネスである。商人銀行としては、最も基礎的・中核的業務であった。

彼らが保証対象としたのは、基本的に彼ら自身がかつて商人として活躍した地域や国々に関わる取引だった。勝手知ったる商売だからこそ、信用保証業も自信を持って営めるというわけだった。いたって合理的な判断である。

ところが、この得意分野さえ、株式会社銀行に蚕食されていく。もっとも、当初は、彼らのこの分野への進出も概して控えめだった。海の向こうのことについては、やっぱり、元商人たちにかなわない。その意識が、株式会社銀行側にも強かった。

要は、餅は餅屋の思いから、初めのうちは引き受けビジネスに手を出すことを差し控えていたのである。だが、地方が基盤の銀行といえども、お得意さんたちが海外業務に進出すれば、それに伴って彼らの業務も国際化が進む。経験を積むうちに、彼らも次第に大胆になった。20世紀を迎える段階では、本格的にマーチャント・バンクの領海を侵犯する力が形成され、体制が整いつつあった。

最もアグレッシブに商人銀行の領域に踏み込んだのが、ミッドランド・バンクであった。イングランド地方中部の一帯をミッドランズという。そこが地元の銀行だから、ミッドランド銀行である。鉄と炭鉱の街、バーミンガムに拠点を置いた。産業革命の中核地域である。当然ながら、ミッドランド・バンクも、地方基盤の株式会社銀行のなかで、産業金融の担い手としての性格が突出して強い銀行だった。イングランド銀行の向こうを張って、独自に金準備を持とうとするような大胆不敵さをもっていた。

こうした地方銀行のたくましさこそ、かつての金匠銀行たちの後継ぎにふさわしい。海賊バンキングの心意気は、商人銀行の3代目たちではなく、新興株式会社銀行群に受け継がれたのであった。

だが、そのリーダー格だったミッドランド・バンクも、いまや、HSBCグループに吸収されて原型をとどめない。かくして、さまざまな兵《つわもの》どもの夢の跡を残すシティである。

シティ初の大型金融恐慌

1825年、シティを金融恐慌が襲った。

それまでも、投機バブルとその崩壊がシティを騒がせたことがなかったわけではない。第一章で触れた1720年の「南海の泡沫事件」がその典型だ。だが、1720年はまだまだシティの黎明期である。産業革命も本格始動していなかった。商業銀行家たちの信用創造力も、いたってつつましやかなものだった。

だが、その100年後ともなれば、事情はかなり違ってきていた。シティに集まる資金の規模も、シティから流れ出る資金の規模も、1720年とは比較にならない。シティから流れ出たカネが生み出すモノづくりのスケールとエネルギーも、1720年には想像だにされなかったものである。シティは次第に巨大な成長マシーンの基幹的歯車と化していくのであった。

そのような構造のなかでシティに変調が起これば、影響はイギリス経済全体に及ぶ。また、シティ以外の成長の歯車に狂いが生じれば、そのことがシティの基盤を大きく揺るがす。1825年とは、そうした関係がちょうど根を下ろし始めていた時だった。

マーチャント・バンクと英政府結託のバブル

そこで、「25年恐慌」の経緯をみよう。事の起こりは南米にある。この点は南海の泡沫時と同じなのだが、背後事情は対照的だ。南海の泡沫バブルは、スペインの南米領が拡大することを巡っての思惑で起こった。他方、1825年の場合には、中南米でスペインとポルトガルの植民地が相次いで独立を勝ち取ったことがきっかけだった。

独立を確保した旧植民地の人々は、建国を急がなければならなかった。宗主国たちを追い出した興奮が冷めれば、後に残るのは混迷と貧困だ。そこを乗り切るには、国としてのインフラ整備が待ったなしになる。だが、建国にはカネがいる。そのカネが彼らには無い。ここで色めき立ったのがシティのマーチャント・バンクである。久々に胸が躍り、腕がなる。国づくりのためのカネを政府に用立てる。そのことで恩を売り、地位を不動のものにする。このやり方こそ、シティの商人銀行たちがイギリス政府を相手に展開してきた戦

取り付け騒ぎで銀行に群がる人々（19世紀）
『British Newspaper Library』から

略である。ところが、ナポレオン戦争後の平和の日々が続くなかで、このビジネスモデルは少々色あせてみえ始めていた。

そこに出現したのが、南米を舞台とする新たな建国の資金需要である。遠く海の向こうの資金需要ではあったが、そこはかつての海賊商人。時とともに海賊魂も弱体化しつつはあったが、いざ新たな事業機会の出現となれば、昔とった杵柄だ。かくして、1824年の年末から25年初にかけて、南米諸国を対象とする一大投資ブームがわき起こったのである。

この投資ブームの受け皿となったのが、南米開発がらみの新生株式会社群であった。マーチャント・バンクの関心が南米に向いたのをいち早く察知して、さまざまな一攫千金狙いの人々が会社を設立し始めた。

さらに、注目されるのがイギリス政府の役割である。シティの南米ブームは、国家としてのイギリスにとっても、大いに好ましいものだった。うまくいけば、このブームをてこに旧スペイン・ポルトガル領をいわば「無血革命」的に手に入れることができるかもしれない。イギリス政府はそう考えたのである。

彼らを武力制覇するのは大変だ。カネもかかるし、人手もいる。ましてや、民族自決に燃える新興諸国が相手だ。たとえ制圧に奏功したとしても、いつ、革命で逆襲されるか分からない。そもそも、軍を派遣するには南米はあまりにも遠い。そこへいくと、シティのカネ貸したちに任せておけば、国は何もしないでも、新天地がイギリスの商圏に入り、勢力範囲に転がり込んでくる。建国のお役に立ったとなれば、征服者として嫌われるどころか、救世主として敬愛されるだろう。

このしたたかな計算に基づいて、国はシティの投資ブームと会社設立ブームにもっぱら喝采を送った。国のお墨付きまで得たとなれば、もう歯止めはかからない。ブームがバブルに変わるのは時間の問題であった。

もっぱら産業資金供給が役割であるはずの地方銀行たちも、対外投資に吸い寄せられていった。実際に、彼らのお客さんである産業資本家たちにとっても、南米開発は市場拡大につながるテーマであった。したがって、彼らが南米投資に手を出したからといって、それを一概に投機に目がくらんでの愚行だとはいえない。この辺りが1720年との違いである。

イングランド銀行を救ったロスチャイルド

そして、運命の時がやってきた。

1825年1月8日、ヨークシャーの大地方銀行、ウェントワース&カンパニーが倒産した。それに先立って、シティの老舗商人銀行、ポール・ソーントン社がイングランド銀行から支援を得て九死に一生を得ていた。銀行界の旧家名門が相次いで受難するのを目の当たりにして、人々は完全なパニック状態に陥った。地方銀行に対する大取り付け騒ぎが巻き起こり、イングランド銀行はなり振り構わぬ資金供給に追われることになった。

そうこうするうちに、イングランド銀行そのものの屋台骨が揺らぎ始める。すでにみた通り、当時のイギリスは金本位制に復帰していた。したがって、パニック状態の人々が手持ちの資金を金に交換しようとすれば、それに応じなければならない。だが、イングランド銀行の保有金は無尽蔵ではない。止めどなき金交換請求の前に、手持ちの金が遠からず底をつくことは目に見えていた。

この窮地からイングランド銀行を救ったのが、商人銀行業界の帝王、ネイサン・ロスチャイルドだった。巨大な国際人脈を駆使して、大陸欧州から金をかき集めて、イングランド銀行に運び込んだのである。バブルを引き起こしたのが商人銀行業界なら、その後始末に腐心したのも、商人銀行の大親分だったわけである。

こうして、シティの大波乱には何とか歯止めがかかった。だが、それが残した爪痕は深く、かつ広範囲に及んだ。当時、「日記作家」として人気を博していたアーバスノット婦人によれば、「製造業者たちは完全に立ちすくんでいる。信用創造はまったく機能していない。シティのすべての住人が絶望の淵に陥っている」。

そんななか、1人の男がシティを立ち去った。彼の名はチャールズ・ラム。シェークスピア作品の子供向け編集で名を馳せた文筆家である。彼は一方で東インド会社の事務員でもあった。彼が愛し、そして住みなれたスクエア・マイルに背を向けたのが、1825年3月のことである。不況色が深まるなかでの退場だった。金融恐慌は、1人の文学者の人生も狂わせた。

19世紀、繰り返された恐慌

１８２５年の金融恐慌をシティは何とか乗り切った。だが、一度味わったスリルは癖になるのか、その後はほぼ10年周期で恐慌劇を繰り返すことになる。さながら「恐慌循環」とでもいうべき規則性をもって、バブルの高みから破綻のどん底に突き落とされるジェットコースター体験を味わいつつ、20世紀へと歩みを進めるのであった。

25年恐慌に次ぐ波乱は、１８３６年にやってきた。世に、これを「Wトリオ」恐慌という。Wトリオは、ティモシー・ウィギンズ、トマス・ウィルソン、そしてジョージ・ワイルズである。いずれも苗字の頭文字がWのアメリカ人で、このころからシティに増え始めていた外資系銀行群の一角を形成していた。

皆が浮かれた鉄道とアメリカ・ブーム

当時のシティは、2つの熱に浮かされていた。1つが鉄道、もう1つがアメリカである。1836～37年恐慌においては、アメリカが主役を演じた。当時のアメリカは今の中国のようなものだった。一大新興経済の出現に、シティは沸きに沸いた。新興国の発展は、イギリスにとって輸出需要の空前の盛り上がりをもたらしたのである。それに加えて、彼らは資金を必要としていた。近代国家建設のためのインフラ投資を急ぐ彼らにとって、シティの資金力は垂涎の的だった。むろん、シティ側にとっては願ってもない新しい取引先の出現であった。

アメリカ・ブームの中核的な存在にのし上がったのが、かのWトリオであった。彼らの最大の売り物は、自分たちがアメリカ人であることだった。おのずと、アメリカ事情に精通していると目された。その彼らが手掛ける株式公開には、投資家が殺到する。彼らが行う対米貿易金融には、誰もが一枚加わりたがった。Wトリオとともに、アメリカの永遠の繁栄にあやかろう。そんな雰囲気がシティを支配した。

だが、むろん、永遠の繁栄などありはしない。いかに若くても無理はいけない。結局、アメリカで建設ブームが破綻した。対米輸出は一転して激減し、アメリカ関連株はすべて大暴落を遂げる。イングランド銀行がしぶしぶWトリオに資金援助を施して、何とか事態は収まった。アメリカ・ビジネスに手を染めた銀行たちが軒並み大打撃をこうむった。

次に来たのが、１８４７年恐慌である。この時には、鉄道と穀物が主役となった。ロンドンと地方を結ぶ大鉄道網構想に人々の夢が膨らむ。凶作続きで高騰が見込まれる穀物相場が投機家たちを色めき立たせる。こんな状態で、バブルが膨らみ上がらないはずはなかった。だが、凶作のはずの作柄は結局大豊作となり、大鉄道建設構想を巡っては、根も葉もない噂や意図的な作り話が横行していたことが判明する。当てが外れた人々が大損をこうむるなかでバブル転じて恐慌となった。

１８５７年には、性懲りもなく、またしてもアメリカ・ブームとその破綻がシティを襲った。今回は55年のクリミア戦争が背景の一角を成していた。戦争特需に端を発する長い景気拡大で、世界全体が次第に過剰生産状態に向かっていくことになった。実際に過剰生産が顕在化して生産調整が前面に出るなかでは、アメリカが最も大きな打撃をこうむった。そのアメリカ経済と、イギリスは貿易と投資を通じて、もはや不可分の関係にあったのであるから、アメリカこければシティがこけるのは避け難かった。

1830年、リバプール―マンチェスター間に鉄道が開通、イギリスは鉄道ブームに
『世界の歴史22―近代ヨーロッパの情熱と苦悩』(中央公論新社、1999)から

1866年には、手形割引で腕を振るったオーバレンド&ガーニィ社が、恐慌への引き金を引いた。鉄道投機で失敗したのである。オーバレンド社の大胆な鉄道関連投資については、シティ内でも、地方の株式会社銀行の間でも疑念がささやかれてはいた。だが、「鉄道」という言葉の甘い響きがまたしても人々を惑わせた。66年5月にオーバレンド社は倒産し、多くの取引先が共倒れの憂き目をみた。

1878年には、地方銀行に恐慌への引き金役が回ってきた。スコットランドの代表的金融機関の1つ、シティ・オブ・グラスゴー銀行が数々の無謀な投資のおかげで経営破綻したのである。この時は、いわばシティそのものがバブルの対象になったといってもいい。

アメリカが世界の経済地図上に華々しく登場し、それによって世界貿易が飛躍的に拡大し、世界各地で鉄道ブームが起こり、金融ネットワークも一段と世界化する。19世紀末のそのような熱気溢れる状況は、シティにもかつてない活況をもたらした。シティが金融的辣腕を思う存分に披露するに、これほどふさわしい環境はなかった。そんなシティ黄金郷のイメージの前には、スコットランドの銀行家の律儀さ、手堅さも吹き飛んだ。シティの熱気がシティ・オブ・グラスゴー銀行を投機家に変身させてしまったのである。

危うしベアリングス

そして1890年、ついに19世紀最後の恐慌がシティを襲った。その衝撃は、それまでの一連の恐慌劇に比べるべくもなく大きなものだった。なぜなら、今回の主役がベアリングス銀行だったからである。

ベアリングスといえば、マーチャント・バンク業界の貴公子だ。度重なる恐慌のなかでも、孤高を保ち、節度あるところを示して難を免れてきた。ところが、ベアリングスが今回はバブルの急先鋒となってしまった。その対象はアルゼンチンであった。南米新興国のなかでも、19世紀末に向かって一段と頭角を現したのがアルゼンチンだった。その資金需要にベアリングスがほとんど一手に引き受ける勢いを示したのである。長年にわたって商人銀行界に君臨するなかで、過信が生んだ放漫経営であった。

今回は、どうもベアリングスの様子がおかしい。そんなシティの噂に対して、当時のイングランド銀行総裁、ウィリアム・リダデールが次のコメントを残している。「大型融資が行われる場合には、必ず多くの共同出資者が世界から募られる。ロンドン、パリ、ニューヨーク、そしてベルリンが1つの案件に関わる。かくして危険は分散される。心配はない」。

リダデール総裁の言い方を今風に言い換えれば、さしずめ、「証券化によって、投資リスクは分散される。サブプライム・ローンに関わっても大丈夫である」という具合になる。なんと、歴史は繰り返すことか。他の投資家たちが手を引くなかで、分散されていたはずのリスクは、結局、すべてベアリングスにのしかかることになった。

不良債権の累積で、放置すれば倒産が確実となったベアリングスの救済に向けて、シティは総動員体制を敷いた。イングランド銀行がベアリングスの債務を事実上肩代わりし、そのための資金をシティの他の主要マーチャント・バンクたちが基金としてプールする。この「奉加帳方式」によって、ベアリングスは何とか九死に一生を得たのであった。「大き過ぎて潰せない」、そして「つながりがあり過ぎて潰せない」。この論理が生まれた瞬間がこの時だったかもしれない。

シティ流サラリーマン・ライフ

そろそろ、19世紀のシティに別れを告げる時がきた。次章からは20世紀をシティがどう迎え、どう生き抜いたかをみていきたい。それに先立って、ここでは19世紀末のシティにおけるサラリーマン・ライフに焦点をあてる。

シティのサラリーマンといえば、筆頭に挙げるべきが、マーチャント・バンクの事務職員たちである。黙々と通勤地獄に耐える彼らの姿を、文豪チャールズ・ディキンズが次のように描写している。

「中年男たちがシティへシティへと、てくてく足を運んでいく。彼らの給料の増え方は決して家族の数の増え方に比例してはいない。ひたすら、職場を目指す彼ら。彼らは皆、顔見知りだ。何しろ、20年このかた、毎朝、顔を合わせているのである。だが、彼らはお互いに無視し合う……」

通勤地獄といっても、要は徒歩である。だが、当時のシティとその周辺の混雑ぶりたるや、まさに立錐の余地もない状況だったから、彼らが日本の朝の通勤ラッシュ時にタイムスリップしたとしても、特段の違和感を覚えはしないだろう。

彼らの服装については、かのチャールズ・ラムが次のように書いている。金融恐慌の嵐吹き荒れるなか、シティを立ち去った事務員兼文学者である。

「（シティの事務員の）身なりはいたって地味で、没個性的である。唯一の装飾は右の耳のうしろに挟み込まれた羽ペンだ。別に伊達を決め込んでいるわけではない。瞬時席を離れても、立ち戻ればすぐに仕事を再開できるための便宜である。衣服の色は概ね黒だ」

装いの観点からも、彼らは日本型サラリーマン社会に違和感を覚えそうにない。抑えた色のスーツ・ルックがよく似合いそうである。

窮状を訴えた行員高給だった通信士

地味に律儀に忍耐強く……。それがシティのサラリーマンたちの身上だった。ディキンズも言及している通り、彼らは決して高給取りではなかった。諸々の職種のなかでは、「中の中」といったところである。平均的な年収がおよそ100ポンドで、これにお得意様か

ロンドンは通行人たちで橋の上が埋め尽くされるほどだった
『London the Biography』（Peter Ackroyd著、Chatto & Windus、2000）から

らクリスマスに頂戴するご祝儀でもあれば、それを足して、ようやく製造業における熟練工の所得レベルに達するという状況だった。これに対して、彼らが勤務する銀行のオーナー頭取ともなれば、年収5万ポンドは下らないのが普通だったのである。

そんな所得環境のなかで、シティのサラリーマンたちは衣食住を賄い、ローンを返済し、おまけに、体面を保つために使用人まで雇わなければならなかった。その窮状を訴える名もなきサラリーマン行員の「嘆願書」が残っている。

そこにいわく、「私は18年間、銀行の事務職員を務めて参りました。その間、3カ月に1度の給与支払い制度のおかげで苦しみ抜いてきました。3カ月分の給料をまとめて頂いても、その額は40ポンドです。これをその間の借金の返済や肉屋・パン屋等々へのツケの清算や家賃や召使たちの給金などに充てれば、手元には5ポンド10シリングしか残りません。これだけでは次の3カ月を暮らしてはいけません、シティらしいお付き合いのための飲食もできません。ですから、また借金をいたします。すると、その返済にまた次の給料のあらかたを充てなければなりません……」。

涙なくしては語れない生活模様である。せめて、給料の支払いが月給制であればまだマシだったかもしれないが、それでも苦しい生活の本質に変わりはない。しかも、この嘆き節の御仁の給料は3カ月分で40ポンドだ。年間では160ポンドである。シティのサラリーマンの平均年収に比べればかなり高い。それでもこの調子なのであるから、全般的なやりくりの厳しさは推して知るべしである。

もっとも、すべてのシティ事務員たちがこのような悲哀に明け暮れていたわけではない。なかには、平均年収の3倍あるいはそれ以上という給料を欲しいままにする連中もいた。その名は通信士。海外の取引先との連絡係だ。

この役割をこなすには語学力が必要だ。世界を相手に取引するシティの銀行たちには、フランス語も、ドイツ語も、スペイン語も、イタリア語も、必須言語だったのである。上司たちの意向をこれらの外国語に翻訳し、然るべき書簡の形に整えて発送する。この機能を果たせるとなれば、並のサラリーマンとはまるで扱いが違うのは当然だった。

ところが、この貴公子サラリーマンたちの多くが外国人だった。母国語はもとより、英語をこなし、場合によってはもう1つか2つも他の言語を操る。そんな大陸欧州人たちによって、年収300ポンド以上の世界が牛耳られていたのである。イギリス人の外国語コンプレックスは今に始まったことではないらしい。高給取りの同僚外国人たちを横目でみながら、言語力のなさにため息をつく内勤族。その姿には、何とも親しみがわいてくるではないか。

シティには生命力がみなぎっていた

そんな彼らにとって、唯一の頼みの綱となっていたのが、終身雇用制である。伝統あるマーチャント・バンクであればあるほど、よほどのことがなければ事務スタッフを首にするということはなかった。定年退職もない。逆にいえば、年金制度もなく、死ぬまで働かされたわけではあるが、見方によれば、生涯現役を貫くことが許されたわけである。嬉しいような悲しいような、サラリーマン人生のほろ苦さだ。

何とも哀愁ただようシティのサラリーマン的日常だが、そこに活気がなかったかといえば、決してそうではない。服装は地味でも、給料は安くても、シティの行員戦士たちは実は元気一杯だった。イングランド銀行の執務室に足を踏み入れようものなら、そこの喧噪はすさまじかった。部屋の一方の隅から他方の隅に向けて罵声が飛ぶ、ジョークが飛ぶ、物が飛ぶ。気の弱い者には、なかなか踏み込むのに勇気がいる騒ぎで日々盛り上がっていたのである。

彼らの活力を支えていたものは何であったか。1つは、やはり何といっても海賊的ルーツだろう。集団を形成すると、どうしても血が騒ぐ。シティが表向き紳士の街となっても、そのＤＮＡを完全に抹殺することは不可能だった。

それに加えて、世紀末のシティそのものが醸し出していた経済力の爆発的パワーがあったろう。再びチャールズ・ラムの言葉を借りれば、「（シティの）ザ・ストランド通りを行き交う人々をみると、どうしても感涙が出る。生命力みなぎる多様な大衆の姿に、歓喜するほかはないのである」。

灰色のサラリーマン・ライフにめげず、薄給にめげず、今日も行くシティ戦士たち。時空を超えて彼らにエールを送りたくなる。

第三章　揺らぐ世界の金融センターの地位

伊達男エドワードとともに幕を開けた20世紀

1901年1月22日、ヴィクトリア女王が死んだ。享年82歳。1837年6月20日の即位以来、63年7カ月にわたって大英帝国に君臨した。この在位記録は今なお破られていない。その間に産業革命は果実を豊かに実らせ、パックス・ブリタニカの権勢はその頂点に達した。ヴィクトリア王朝下の19世紀は、まさしくイギリスのものであった。

そして、くしくも19世紀が幕を閉じたその時、ヴィクトリア時代もまた終焉したのである。超人的母親から王位を継承したのは、ヴィクトリア女王と夫君の王婿アルバートの長男、エドワード皇太子である。即位してエドワード7世となった。史上最長の皇太子在任期間を経ての即位だった。その時、彼はすでに59歳になっていた。

新しい国王陛下は、実に洒脱な伊達男だった。何しろ即位待ちの時代が長かったから、帝王学の名の下に、風流を極め、遊びの奥儀を会得する時間がたっぷりあった。まさに究極の有閑紳士。それがエドワード7世だった。

皇太子時代の彼を巡っては、各種の逸話に事欠かない。泣く子も黙る厳格な母君とは対照的に、粋でお洒落な遊び人。そんな彼のロンドンお忍び武勇伝は、数多くの小説やお芝居の種になっている。江戸の庶民が遠山の金さんにあこがれたのとよく似た心理が、エドワード皇太子をロンドン庶民の影のヒーローに仕立てあげていた。

国王に取り入ったアーネスト・カッセル

その彼が、影ではなく表のヒーローとして即位したことで、大英帝国の雰囲気も随分変わった。イギリス人たちが「エドワード時代（Edwardian Age）」という言い方をする時、そこには特別のニュアンスが伴う。要は、イギリス版「ベル・エポック」なのである。文化の香り、芸術の香りが漂う。どこか、過ぎ去った世紀の世紀末的たそがれの余韻が残る。だが、それと同時に来るべき世紀への期待と不安に揺れる黎明の雰囲気がある。質実剛健、威風堂々のヴィクトリア時代に対して、エドワード時代は軽佻浮薄と開明凛然が絶妙に呼応し合って、誰もが一種、熱に浮かされたようなムードに浸った時代であった。

20世紀初頭のこの雰囲気は、当然ながら、シティにも大いに浸透した。シティにとって、エドワード国王の即位時から第1次大戦までの時期こそ、ジェントルマン資本主義の完成期であり、円熟期だったといえる。ヴィクトリア時代までに培われた世界に冠たる金融資本の本拠地としての位置づけに、エドワード時代特有のダンディズムが加わって、シティの活況は一段と華やかさを増した。

その様子を、当時の雑誌記事が次のように描写している。「典型的なシティ男は、何はともあれ小粋である。磨き上げられた彼のシルクハットは、鏡の代わりを充分務められる輝きに満ちている」。お洒落でなければ、男がすたる。当時のシティにおいては、これが暗黙のルールとなっていたのである。

こうして、紳士による紳士の金融がことのほか優雅にシティを彩ることになったのであるが、それは、単なる雰囲気だけの現象ではなかった。エドワード国王のダンディな移り香が、シティにも漂ってきたというだけの話ではない。実は、国王陛下自身がシティの極めて親密なお得意さんだったのである。

彼とシティとの仲を取り持つ役割を果たしたのが、シティのユダヤ系貴公子銀行家たちであった。なかでも、エドワード王と特に深くお付き合いするようになったのが、ドイツ系ユダヤ人のアーネスト・カッセルである。ケルン生まれのカッセルは16歳の時にイギリ

エドワード7世
『英国王室史事典』（森護著、大修館書店、1994）から

スに渡り、瞬く間にシティの主役の座にのし上がった。シティへの移住当初は穀物商の下働きをしていたが、ほどなく、みずから金融業を営むようになった。

彼の得意分野は実に多岐にわたった。産業革命の担い手たちへの資金供与に注力するかと思えば、北米、南米、南ア、そしてスウェーデンやエジプト、トルコに及ぶ大投資ネットワークを広げて、利権の獲得に邁進した。そんな彼の大胆不敵さが、遊び心に満ちた国王陛下を魅了したのである。暇にまかせて人脈を広げていた皇太子時代のエドワード公にとって、カッセルこそ、お友達にしておきたい傑物の典型だったに違いない。

皇太子時代のエドワードがひたすら粋と洒脱に走ったについては、もとより、いつまで経っても王冠が我が物にならないことへのフラストレーションがあった。自由であって自由でなく、権力がありながら権力が行使できない。中途半端な身への歯がゆさが、彼を遊びへと駆り立てた。そして、自由に世界に羽ばたくことの醍醐味への憧れが募るばかりだったのである。

「王室御用達FP」が生まれる

そんなエドワード公の前に、金融手腕一つを持って世界を制する男、アーネスト・カッセルが出現した。その存在感にエドワード公の胸が震えないわけがなかった。しかも、伊達男のエドワード公のことである。当然ながら、日々の生活にもカネがかかった。だが、むろん、そのすべてを国庫から出る資金で賄うわけにはいかない。公務でないものに国のカネをつかうことは、立憲君主制が確立して久しいイギリスにおいて許されることではなかった。

かくして、ダンディズムを維持するための資金繰りに悩む国王陛下にとって、カッセルは最も信頼できるお抱えバンカーでもあったのである。そして、国王への即位後は、ついにカッセルに「国王陛下のファイナンシャル・アドバイザー」の正式称号が与えられることとなった。王室御用達ファイナンシャル・プランナー誕生であった。

国王は好んでカッセルと夕食を共にした。食卓を挟んで国王が持ちかける資金繰りの相談にカッセルは耳を傾ける。次にどんな金融資産に投資したらいいか、カッセルが国王に知恵を授ける。もちろん、国王になり代わっての資産運用もカッセルの重要な仕事であった。おカネに関わって少しでも気掛かりなことが生じれば、国王は直ちにカッセルに手紙を書いた。おカネに関する国王のよろず相談係。それがカッセルであった。

カッセルとの親交を通じて、エドワード国王はシティとの関わりを次々と深めていった。

彼の周りには、常にシティのジェントルマン資本家たちがたむろしていた。カッセルはもとより、彼と並んで富豪の名をほしいままにしたモーリス・ド・ヒルシュ、そしてシティの帝王ロスチャイルド家が、側近よろしく彼の周囲を固めていたのである。

こうしたエドワード国王のシティへの熱の入れ方と依存度の高さは、当然ながら、王室関係者の顰蹙を買いがちだった。特に、彼を取り巻く銀行家たちの多くがユダヤ系の血筋であったことについて、眉をひそめる向きは少なくなかった。だが、粋人の国王はそのようなことにひるむことなく、ひたすら、我が道を行くのであった。

シティの20世紀は、華やかな王様の即位とともに華やかに幕を開けた。だが、このダンディズムの時代は長続きしなかった。1910年5月6日、即位後わずか9年4カ月にして、エドワード国王は他界した。気管支炎が原因だった。日にタバコ20本と葉巻12本は欠かさなかったという。いかにも、彼らしい最期であった。その時、シティには第1次大戦の影が近づいていた。

第1次大戦で揺らいだ不動の地位

ここでは、第1次世界大戦下のシティをみる。

これまでみてきた通り、シティが戦時下にあるというのは、それ自体として真新しいことではなかった。早い話が、19世紀の初頭に至るまで、戦時体制はシティにとってむしろ日常だった。どちらかといえば、戦争はシティにとって飯の種だったといっていい。国王陛下の戦費調達のためのカネ貸し業。その役割を2世紀以上にもわたって果たしていればこそ、シティは揺るぎ無き特権的地位をほしいままにすることができたのである。

だが、今回は少々事情が違った。人類初の世界大戦勃発の場面を迎えた時、シティと戦争との間には、それまでとは大きく異なる関係が生まれていたのである。その関係には、大別して2つの側面があった。その1が、シティと世界とのつながり方の問題である。その2は、金融の街シティの資金力に関わる問題だった。

第1次大戦は、1914年から18年にかけて戦われた。直接のきっかけが、いわゆるサラエボ事件である。1914年6月28日、オーストリア・ハンガリー帝国のフランツ・フェルディナンド大公夫妻が、サラエボでセルビア人青年に暗殺された。

1カ月後の7月28日には、オーストリア側がセルビアに宣戦を布告した。これを受けて、世界の国々はそれぞれの思惑に基づく合従連衡に向かう。そうしてでき上がったのが、連合国対同盟国の対立構図であった。セルビアの肩を持ったのが連合国側である。その中軸を構成したのがイギリス・フランス・ロシアの3強だった。対するオーストリア・ハンガリー帝国の支援に回ったのが同盟国側で、その先頭に立ったのがドイツであった。

国益か、それとも世界とのつながりを維持か

さて、話をシティに戻そう。サラエボ事件を受けて、イギリス議会では、帝国防衛問題委員会が英独戦勃発に伴う金融経済上の影響を議論することになった。そのために設置された特別小委員会の委員長、デサート卿が次の問いを発した。

「イギリス船に撃沈されたドイツ船のケースを想定して頂きたい。そのドイツ船がイギリスで保険に入っていた場合、この保険契約は履行されるべきだとお考えか」

第1次大戦の戦地に向かう兵士とその家族たち（ロンドン）
『London in the Twentieth Century』（Jerry White著、Penguin Books、2002）から

この質問の矛先は、ロイズ社代表のロバート・オグルビー氏に向けられていた。ロイズといえば、ご存知、いまなお、世界最大の再保険会社である。当時においては、まさしく保険業界に君臨する帝王だった。その威信を一手に担って証言に立ったオグルビー氏いわく、「その通りです。戦争開始以前に契約を結んでいたのであれば、それを履行するのは当然だと心得ます」。この非国民的発言に対して、デサート卿は激怒した。だが、世界のロイズはその名誉にかけて姿勢を変えようとはしなかった。

このやり取りのなかに、当時のシティが直面した2つの問題の第1点、すなわち、当時におけるシティと世界のつながり方の問題が集約的に表れている。シティは、まさしく世界と直結していることにその強みがあり、存在意義があった。ヒト・モノ・カネのすべてが世界からシティに集まり、シティから世界に旅立って行く。それでこそ、イギリスが世界に誇るシティであった。

ところが、いまや、そのようなシティであることが、イギリスにとってシティを反国家的存在にしてしまうのであった。世界に冠たる金融市場としての長い歩みのなかで、国境を超えたシティのネットワークはあまりにも広く、あまりにも多角的で、あまりにも絆の強いものになっていた。その結果、世界の金融センターとしての責任を履行することが、売国奴的行為を形成するという関係ができ上がってしまったのである。

この矛盾の前に、シティの銀行家たちの思いは激しく揺れた。経済ナショナリズムのために世界とのつながりを放棄するのか。世界とのつながりのために大英帝国の国益を捨てるのか。ジレンマに頭を抱える彼らであった。

そもそも、彼らのなかには、シティの世界との絆の深さそのものに、世界を相手どる戦争への抑止効果があるという発想があった。国々は、いまや通商と金融を通じてあまりにも強く結びついている。この関係を断ち切るような戦争を起こすことには、あまりにも大きな損失が伴う。したがって世界規模の戦争は起こらない。それが彼らの論法だった。

実にまともな論法だ。だが、彼らが思うほどに政治はナショナリズムを超越していなかった。経済は国境を超えても、政治は依然として国境を守ることに優先順位をおいていた。

無傷のニューヨークが台頭

いずれにせよ、いざ開戦となってしまえば、結局はシティが供給する軍資金がものをいう。再びシティがお国のための戦費調達に奔走する展開になった。ところが、ここで第2に挙げた資金力の問題が浮上した。シティが世界との絆を犠牲にしてお国のために尽くすということは、とりもなおさず、シティの資金調達力の弱体化を意味していたのである。

かつては、政府の資金需要がイングランド銀行の金保有量を上回るようなら、ネイサン・ロスチャイルドが世界に出向いて金をかき集めてきてくれた。だが、それはあくまでもシティが世界に向かって開かれた存在であり、世界との信用の絆が揺るぎないものだったからである。むろん、自己勘定での直接融資や国債引き受けというやり方があった。だが、これだけでは、資金供給力が自分たちのポケットの中にあるカネの額に規定されてしまう。それにも増して、政府がカネを返せない状態に陥った時、損失が全部自分たちにのしかかってくる。それを回避するには、なるべく、世界の他の銀行や投資家から資金を引き出して、政府の戦費需要を賄いたい。お国のためのブローカーとして、どこまで世界から戦費を引き寄せられるか。そこにこそ、シティの腕のみせどころがあったのである。だが、経済ナショナリズムに閉ざされたシティには、流入する資金量にもおのずと限界があった。

シティが国の資金需要に充分に応じられないとみるや、政府はたちどころに新たな資金源の確保に走った。そこで頼みの綱として出現したのは、何とニューヨークであった。アメリカは戦争終盤の1917年まで第1次大戦に参戦しなかったから、金保有量も豊富で台所事情はいたって良好だった。その資金力にイギリス政府が目をつけたのである。

シティにとって、これほど屈辱的なことはなかった。新参者のニューヨークに金融市場として敗北する。これだけは避けたいところだ。なかんずく、米系マーチャント・バンクの筆頭格であるモルガン銀行の後塵を拝することは、とうてい耐えがたい屈辱の極みであった。考えてみれば、ひどい話だ。お国のために世界を捨てたのに、お国はいざとなればさっさとシティの若きライバルにすり寄って行ってしまったのである。

これを機に、世界におけるシティの地位は徐々に揺らぎ始める。本格的な衰退に至るまでには、まだまだ間があった。何世紀にもわたって築き上げられた栄華の基盤はそう簡単には崩れない。だが、蟻の一穴が開いたことは間違いなかった。エドワード国王時代の煌めきは、第1次大戦を経て、次第に過去の輝きの残光の様相を呈することになる。

シティの法王、金本位制復帰を果たす

第1次大戦下のシティは、国か世界かのジレンマに揺れた。悩んだ揚げ句、結局はしぶしぶながら、お国のためを選んだシティであった。

そこで、いざ戦争終結となれば、シティが進むべき道は1つしかなかった。いうまでもなく、それは戦前の国際性を取り戻すことである。世界の交易と金融の中心地として、一刻も早く復権を果たす。そのために心血を注いだのが1920年にイングランド銀行総裁に就任したモンタギュー・ノーマン卿であった。彼の在任期間は1944年まで続いた。ほぼ四半世紀にわたって、シティに君臨したのである。いつのころからか、彼に「シティの法王」の別名がついたのは驚くに当たらない。

再び世界のシティを目指すに当たって、ノーマン法王が追求した具体的な目標は極めて明確だった。それは、戦時下において停止されていた金本位制への復帰である。

思えば、なんとも皮肉な話だ。かつて、金本位制はイングランド銀行の権勢を抑え込もうとする政治家たちがシティに押しつけた通貨制度である。それを、今度はイングランド銀行がシティの復権のために使おうとする。この展開を、19世紀における打倒イングランド銀行勢力の急先鋒だったデービッド・リカードは、草葉の陰からどのような思いでみたことだろう。

御用エコノミストをかき集め

皮肉ではあるが、金本位復帰を目指すノーマン総裁の戦略はいたって理にかなうものだった。シティが再び国際取引の中心地となるには、何といっても、その通貨であるポンドに対する信認が確たるものでなければならない。そのためには、金によってその価値を裏打ちされている通貨であることが、何はともあれ必須要件であった。

なかんずく、当時はアメリカが金本位国として次第に地歩を固めつつあった。戦時下において、イギリス政府が金欠のシティからニューヨークへと資金調達先を鞍替えしたことは前にみた通りである。イギリスが金本位から離脱したままでは、世界の金融センターの地位をニューヨークに奪われるは必定だ。シティの焦りは大きかったのである。

その危機感を一身に受けて、ノーマン法王は決然と、そして周到に金本位復帰に向けてのシナリオを描いた。まずは、大蔵省とそのＯＢたちを巻き込み、著名なエコノミストを味方に取り込んで、委員会を設置した。委員会方式で外堀を埋めるというこのやり方、日本行政の専売特許かと思いきや、実はイングランド銀行にその原点があったわけである。

それはともかく、この委員会が組成されたのが１９２４年６月で、その委員長には前大蔵大臣のオースティン・チェンバレン卿が就任した。御用エコノミストとして名を連ねたのが、厚生経済学の始祖として著名な、かのピグー大先生であった。

かくして、計５人のメンバーで発足したチェンバレン委員会は、表向きは戦時金融の全般的な平常化を議論するのだといいながら、その実は、金本位復帰のための理論武装と実務的体制づくりを着々と進めていくのであった。

このように、彼らが建前と本音を使い分けなければならなかったのはなぜか。実をいえば、ここにこそ、その後の経済史を通じて通貨政策が直面することになる本源的なジレンマの出発点がある。このジレンマを一言でいえば、それは内外均衡の相克問題である。国内経済の安泰すなわち対内均衡を優先するのか、通貨の対外的価値の安定すなわち対外均衡を優先するのか、というテーマだ。

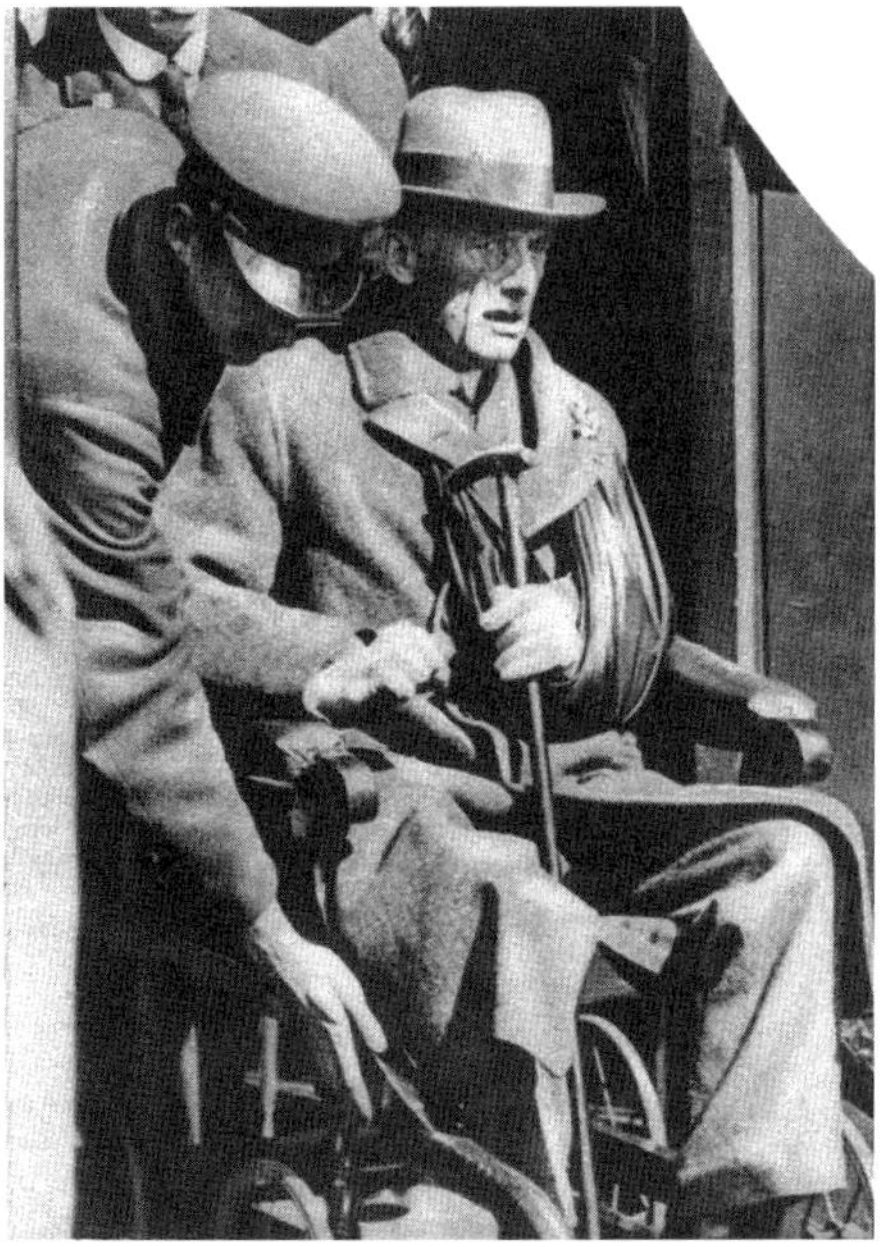

オースティン・チェンバレン卿

戦時下のシティが直面したのも、内を取るのか外を取るのかという意味では、基本的にこのテーマに通じる悩みだったといっていい。ただ、その段階では、この問題もまだシティの面子とか、その権勢といった次元で捉えられるにとどまっていた。これに対して、戦後ともなれば、話はかなり変わってくる。

何といっても、戦争で疲弊した国内経済の立て直しを図るという大きな課題が浮上していた。国民の生活を平常に戻してやらなければならない。産業活動も戦時体制から平時の生産体制に戻し、安定した経済成長軌道を取り戻さなければならなかった。そのような状況のなかで、金本位制への復帰を提唱することは、それなりに勇気のいることだった。

“毒舌”ケインズ登場

なぜなら、すでにみてきた通り、金本位制は「金（キン）の切れ目が金（カネ）の切れ目」のシステムだからである。許容通貨発行量が、国の金保有量に一義的に規定されてしまう。戦後復興のためにいくら通貨を発行したくても、金保有量を上回っては通貨増発を行うことができない。人々が職を求めていて、産業基盤の立て直しが急がれるという時に、それに必要な投資資金を金の切れ目がきたからといって手当てしないのか。このような糾弾の声が上がることは目にみえている。そこで、〝偽装金本位復帰委員会〟の設置とあいなったわけである。

ノーマン総裁の知恵が功を奏して、金本位制の再建は順調に進むかにみえた。ところが、ここに思わぬ強敵が現れた。気鋭の若手エコノミストが、敢然と金本位復帰大反対論を展開し始めたのである。その人の名はジョン・メイナード・ケインズ。

彼の鋭い眼力はチェンバレン委員会の真の狙いをたちどころに見抜いた。そして彼は主張した。

「戦後の世界は産業立国の世界だ。産業の時代、そして技術の時代がやってきた。金融立国はもう古い。シティのジェントルマン銀行家たちが昔の栄華を取り戻すために金本位に復帰し、そのために庶民の雇用を犠牲にしていいのか。金本位も、もう古い。いまや、人間の裁量によって管理される通貨政策の時代がやってきた」

七つの海を制覇した海賊魂と、ジェントルマン金融の優雅さを併せ持つことが、シティ人間たちの身上である。そんな彼らにとって、このケインズの言い草に何と違和感があり、なんと泥臭く、なんと視野狭窄的に聞こえたことだろう。

だが、その舌鋒の鋭さには、まったく、かつてのリカードを彷彿させるものがあった。

分業理論の創始者であるリカードが、草葉の陰からケインズの徹底した対内均衡優先主義をどこまで容認したかは分からない。だが、イングランド銀行に切り込んでいく快刀乱麻の舌先の迫力には、我が意を得たりとお墨付きを与えたに違いない。

毒舌エコノミストの激しい追及をなんとかかわして、ノーマン総裁は金本位への復帰を果たした。それが1925年4月のことである。しかも、戦前の金平価による金本位再開であった。ひとまず、金本位制が管理通貨論に勝利した。だが、そのことによって、その後の悲劇の種がまかれることになったのである。

シティと金の別れの日

「ラクダの背中にワラ1本」。欧米の古い諺である。ラクダは頑丈な動物だ。重い荷物を背負って平気で砂漠を歩く。いくら荷物を増やしても、へっちゃらそうである。だが、そんなラクダにも限界はある。ギリギリのところまで来ると、荷物のてっぺんに最後に乗せたワラ1本が命取りとなって、ばったり倒れてしまうのである。吹けば飛ぶようなワラ1本の重みでも、限界を超えればラクダの背中は耐えられない。

1925年に金本位制に復帰して以来、シティとイングランド銀行が背負う荷物は重くなる一方だった。世界の通貨、ポンドの地位を保つためには、対内的には厳しい金融引き締めが必要で、対外的には自由で開放的で惜しみない資金供給が不可欠だった。外に甘くて身内に冷たい。シティのこのスタンスは、当然ながら国内でいたって評判が悪かった。輸出頼みの製造業者たちに嫌われ、戦後不況下で職がない労働者たちに嫌われ、したがって、政治家たちにも嫌われた。四面楚歌のなかで、対内均衡と対外均衡の両立という名のとてつもなく細い綱の上に立ち、常にバランスを取りながら、静止状態を保っていかなければならないのであった。これは疲れる。背中の荷物の重圧に、シティの法王、ノーマン・イングランド銀行総裁も、心身をすり減らす日々だった。

ポンドの陥落

そして、ついに最後の「ワラ1本」がラクダの背中に舞い降りる日が来た。

1931年5月11日、オーストリア最大の商業銀行、クレジット・アンシュタルトが事実上の倒産状態に追い込まれた。資金繰りが行き詰まり、営業継続が困難になったのである。遠因はアメリカの1929年恐慌だった。ニューヨーク株大暴落に端を発する信用収縮が、海を渡って、大陸欧州の資金循環を機能停止状態に追い込んだのである。

クレジット・アンシュタルトには、シティの多くのマーチャント・バンクたちが関わりを持っていた。当然ながら、その破綻はシティを震撼させた。オーストリア最大の銀行だから、「1本のワラ」というにはあまりにも重量級ではある。だが、いずれにせよ、この倒産劇が事実上のとどめの一撃となって、内外均衡をお手玉するシティの金本位堅持戦略

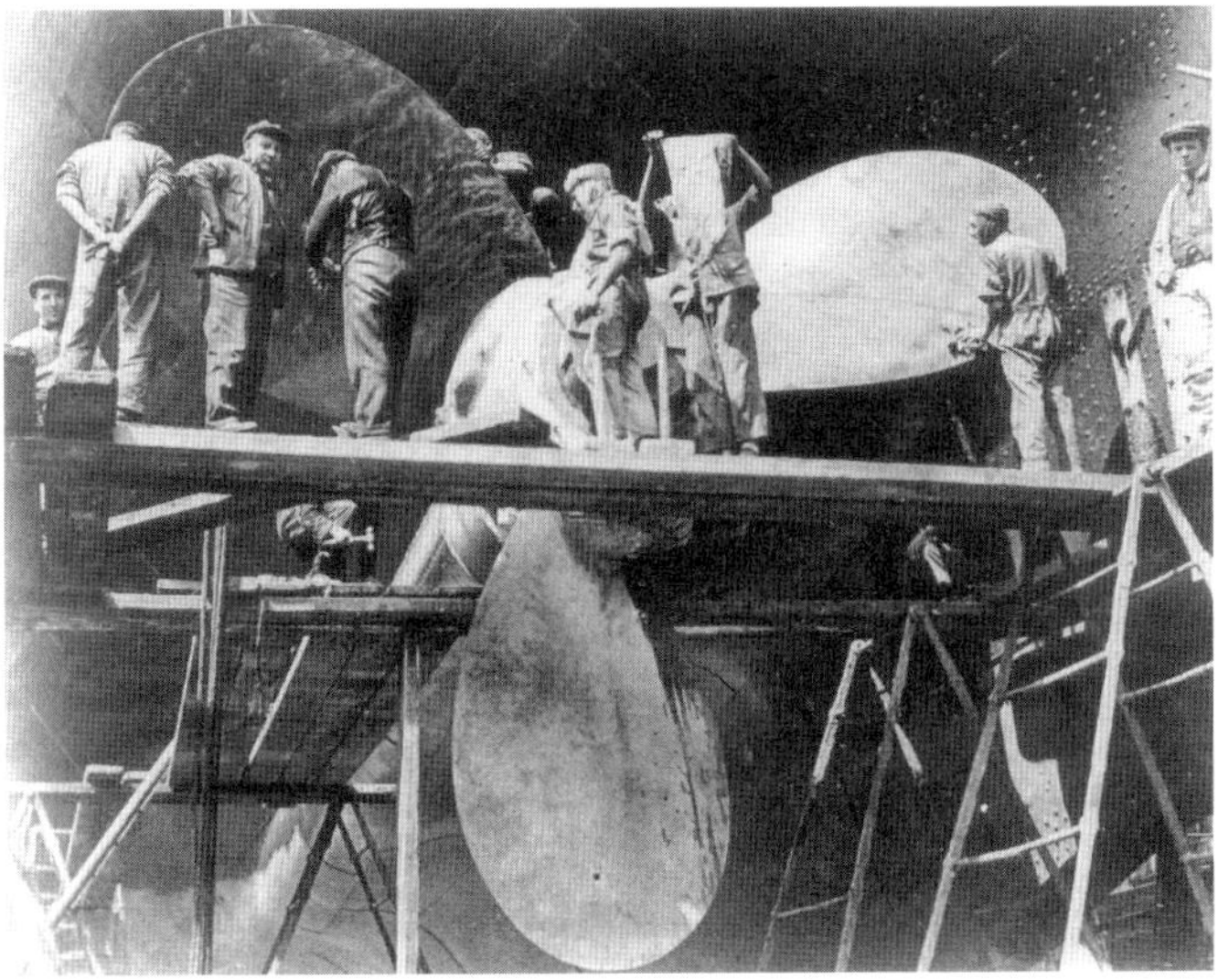

労働者はシティにとって「敵」だった（1930年ごろ、ロンドン港内のドック）
『London in the Twentieth Century』（Jerry White著、Penguin Books、2002）から

は致命傷を負うことになる。

この間のシティの身上は、いわゆる「短期借りの長期貸し」だった。短期資金を世界中のあちこちからかき集めて、それを戦後復興資金として大陸欧州諸国に貸し付けていくというやり方だ。何ともハイリスクなビジネスではある。だが、それがシティ流バンキングの真骨頂だった。

鋭いバランス感覚をもって、危険な綱渡りを華麗にこなす。その姿があっぱれであればあるほど、世界はシティを信頼して、シティにカネを提供する。その構図がしっかり成り立っている限りにおいて、誰もがポンドの価値を信頼するから、イギリスの金本位制も安泰だった。そして、金本位制が安泰であればあるほど、世界の金融中心地としてのシティの地位も安泰だった。

だが、クレジット・アンシュタルトの破綻によって、この黄金バランスは大きく崩れた。何しろ、クレジット・アンシュタルトに対するシティの債権は、そのほとんどが回収不能となってしまったのである。この有り様をみた短期資金は、たちどころにシティから逃げていく。ポンドを金に換えようとする連中がイングランド銀行に殺到する。ポンド危機の様相が一気に深まった。

国内の逆風も強まる一方だった。逆風その1が「マクミラン報告」である。クレジット・アンシュタルト騒動が何とか収まって間もない31年6月、この報告書が公表された。

「金融・産業委員会」、通称マクミラン委員会は、29年に設置された。厳しい環境下におけるイギリスの経済実態を精査することがその目的だった。座長に、スコットランド出身の元裁判官、マクミラン卿が就任した。その成果が「マクミラン報告」である。

内容は、シティにとって誠に有り難くないものだった。なぜなら、経済産業実態の厳しさを赤裸々に語ったうえで、マクミラン報告はシティの、もっぱら外向きで国内の産業金融に冷淡な姿勢を、大いに糾弾した。銀行業が外面ばかり良くて身内に冷たい。だから、イギリス経済は大陸欧州に引けを取る。そういわんばかりの内容だった。

シティを葬り去ったケインズ

逆風その2も、報告書である。こちらは「メイ報告」。メイ委員会は、31年2月に保険業界の大物、ジョージ・メイ卿を座長に迎えて発足した。その目的は、財政収支展望と赤字解消のための歳出削減案を提示することだった。当初、シティ関係者はその内容を歓迎した。「マクミラン報告」と違って、こちらの方はシティにとって大いなる援護射撃であるかにみえたからである。

なぜなら、そのなかで示された32年度に関する財政赤字展望は巨大なもので、その解消のためには抜本的な歳出削減策が必要だ、とされていたからである。これぞまさしく、シティに対する最高のお墨付きだ。節度ある財政金融スタンスを示すことで、ポンドの通貨価値を守り抜くというシティの主張が正当づけられた。マーチャント・バンクたちはそう考えたのである。

ところが、結果はまったく逆だった。世界の投資家と内外の世論が注目したのは、財政健全化の必要性ではなくて、財政赤字の膨張を必然化する経済実態の悪さの方だったのである。それを厭気した資本がシティを出て行く。これでは、金本位制の維持は無理に違いないと踏んだ短期資金が、ポンドを見捨てる。マクミラン報告のシティ批判とメイ報告の実態悪描写があいまって、イングランド銀行は空前の金流出に見舞われることになったのである。

もはやこれまでと、イングランド銀行が金本位堅持を放棄したのが、1931年9月20日、翌日にはそれが公式発表された。7月から9月にかけて、イギリスから流出した金のポンド建て総額は1億6500万ポンドに達していた。9月20日時点では、イングランド銀行の金庫に1億3200万ポンドの金しか残っていなかった。イングランド銀行がみずからに課していた最低金準備高の1億5000万ポンドを、大きく割り込んでいたのである。ラクダの背骨はもはや折れて久しく、足腰さえも立たなくなっていた。

かくして、シティの闘争は終わった。以降、イギリスが金本位制に立ち戻ることはなかったのである。うなだれる彼らを尻目に、ケインズが大笑いした。それもそのはずだ。「マクミラン報告」は大部分がケインズの筆になるものだったからである。敵の不幸を笑うケインズはいかにも非紳士的だ。彼の嘲笑のなかに、ジェントルマン金融終焉の響きが聞こえた。

英米仏為替戦争──シティの心意気は死せず

金の輝きと決別したシティには、しばし、茫然自失感が充満した。ポンドを投機の洪水から守り切れず、金本位制の放棄を余儀なくされた敗北感が、ジェントルマン銀行家たちを投げやりにした。

それが証拠に、ほかならぬノーマン・イングランド銀行総裁その人が、シルクハットを被らなくなってしまった。鏡のように磨き上げたシルクハットこそ、シティの銀行家たちの繁栄と叡智の象徴だった。彼らの総大将にとって、それは不可欠の被り物だったはずである。ところが、金本位を守り切れなかったノーマン総裁にとって、シルクハットの輝きは、もはやまぶし過ぎて耐えがたいものとなっていたのである。

金本位制を放棄したことで、シティと政府との関係も変わった。「我々は今や大蔵省の道具と化した」。ノーマン総裁のこの嘆き節がすべてを物語っている。

金本位貨としてのポンドの番人役を務めている限りにおいては、政府もシティとイングランド銀行に一目置かざるを得なかった。だが、その役割がなくなってしまえば、イングランド銀行はただの御用銀行で、シティも単なる金貸し業者の寄り合い所帯に過ぎない。ましてや、1930年代の世界は大不況下にあり、しかも、アメリカの台頭で大英帝国の経済的覇権も脅かされるようになっていた。シティの連中も紳士面ばかりしていることは許されない。お国のために尽くすべし。

この論法で、大蔵省がイングランド銀行とシティをあごで使おうとするのであった。ノーマン総裁がシルクハットを被りたくなくなるのも無理はなかった。

お国のため為替切り下げ競争

当時において大蔵省の道具になるということは、とりもなおさず、政府の経済ナショナリズムに加担することを意味していた。要は対外的な通貨価値の維持よりも、国内的な経済の成長性を優先するということである。そのためには、世界との関係がどうなってもかまわない。そうした極めて国家主義的な政策姿勢に対して、その手先となって動かなければならないのであった。

そのための主たる手段となったのが、１９３２年6月に創設された「為替平衡勘定」である。その役割は、表向きはポンド相場の安定にあった。だが、実態的には、過激なポンド売りによる低為替政策の担い手として機能した。ポンドを売って金を買う。外貨も買う。外貨買いの対象となったのが、その時、なお金本位を維持していたフランスやアメリカの通貨であった。

米仏から買い取った通貨を、イギリスはたちどころに両国の中央銀行に持っていく。そして金に換えてもらった。米仏は金本位国だから、請求があれば注文通りに金を相手に公定価格で引き渡さなければならない。かくして、イングランド銀行の手元にはどんどん金が積み上がる。かつては、ポンドを守ろうとして急激な金流出に見舞われたのに、今度は、一転してポンドを売れば売るほど、金が手元に集まってくるのであった。

吸血鬼よろしく、金本位国から金を吸い上げる。これがイギリスの低為替政策だった。そのお先棒かつぎをさせられたのであるから、イングランド銀行の憂鬱は深まる一方だった。イギリスの吸血鬼作戦に耐えかねて、33年3月にはアメリカも金本位を放棄した。以降、英米間で激しい為替切り下げ戦争が繰り広げられることになる。

両者の間で小突きまわされたのが、フランスである。33年の時点では、フランスは当時

通貨戦争の火花が散った…（ロンドン経済会議、1933年）

の主要国のなかで唯一の金本位国となっていた。もはや脱金本位組の餌食となるしかなかったのである。

ポンドとドルが切り下げられれば切り下げられるほど、フラン相場は高くなる。そうなれば、通貨相対高に伴うデフレ効果がフランス経済を痛めつける。しかも、イギリスもアメリカもフランを買っては、その金への交換を請求してくる。それに対応して、フランスからは金がどんどん流出する。すると、金本位国フランスにおいては金の切れ目がカネの切れ目だから、フランス経済はますますデフレ化する。惨憺たる状況であった。

そして、ついにはフランスも金本位を放棄する。36年9月26日のことだった。そして、この同じ日に、英米仏間で「三国通貨協定」が締結された。要は為替戦争停戦協定であった。

最後の金本位国が音を上げてしまえば、為替戦争はもはや終わりなき消耗戦だ。果てしない為替切り下げ競争で、皆、疲れ果てるばかりである。さすがに、これは誰もが避けたいところだったから、とにもかくにも、停戦協定がまとまったわけである。ここで交わされた取り決めの内容が、結局は第2次大戦後における国際通貨体制のあり方を大きく規定することになる。

つながっていた中銀同士の地下水脈

以上の展開のなかで、イングランド銀行は政府の低為替政策に振り回され、シティはなすすべもなくその有り様を見守るしかなかった。一見すれば、そういう筋書きになる。ところが、実際は少々違う。為替平衡勘定の担い手として、大蔵省の言いなりになっている振りをしながら、イングランド銀行は実は為替戦争の相手国であるフランスとアメリカの金融当局とそれとなく連携をとっていた。どこが最終的な落ち着きどころになりそうか、お互いに感触を共有し合いながら、為替戦争が終わる日に備えていたのである。

この隠密作戦の中心人物が、イングランド銀行のジョージ・ボルトンであった。ボルトンは、当時急成長中だったシティの新進マーチャント・バンク、ハーバート・ワグ社からイングランド銀行にスカウトされた。やり手の為替ディーラーで、早々に為替平衡勘定の総括責任者の地位に着くこととなった。そこで彼の血が騒いだのである。

おめおめと政府の言うなりにばかりなっていてなるものか。海賊商人のDNAが彼のなかで目を覚ました。ボルトンの最初の勤め先は、フランスのソシエテ・ジェネラル銀行だった。そのロンドン支店にディーラーとして採用されたのである。外資系からシティ人生が始まったところに、ボルトンらしさが出ている。その環境の中で養われた国際感覚が、その後の彼の展開の中で物を言うことになる。次第に内向きになるイギリスとシティの中で、彼は外に向かって開かれたディーラー感覚を失うことなく、混迷する為替市場に打って出て行くのであった。たくみな面従腹背の陰で、ボルトンは人脈をつくり、情報源を開拓し、通貨関係の安定化につながる道を模索した。なおも、金本位時代の再現を夢見るノーマン総裁とは違って、気鋭の為替ディーラーはもはやその夢に現実性がないことを察知していた。むしろ、新時代の通貨体制のあり方に思いを馳せていたのである。

三国通貨協定が成立した時、ボルトンとフランス中央銀行の為替取引責任者、C・カリゲルは密かにエールを送りあった。目標達成の瞬間だった。ハイタッチでもしたい気分だったろう。経済ナショナリズムの暗雲垂れこめるなか、それでもシティ魂はその開かれた心意気を失ってはいなかった。

アメリカに完敗したシティの老兵たち

「我らの若きいとこたち」。昔のイギリス人たちはアメリカをそう呼んでいた。「ああ、勇気溢れる新世界よ」とは、シェークスピアのロマンス劇、「ザ・テンペスト」のなかで、離れ小島で育ったお姫様が初めて外界の人々と出会った時に発するセリフだ。

アメリカを思う時、大英帝国のイギリス人たちはこの姫君の心境に駆られるのであった。戸惑いと憧れとやっかみがないまぜになった、何とも言えない愛憎気分。その心理が「若きいとこたち」のフレーズに込められている。

この思いを最も強く持っていたのが、シティの住人たちである。世界を股に掛ける商人銀行ビジネスは我らが元祖だ。元祖だし、常にその中心に、そして先端に位置している。そう自任して揺らぐことなき彼らであった。

そこへ突然、新参者たちが出現してきた。初々しい可愛い奴らと思っているうちに、彼らはみるみる世界の金融を牛耳っていく。うろたえながらも、どこか面白がりながら、ジェントルマン・バンカーたちは若きいとこたちの成長ぶりを見守るのであった。

ブレトンウッズ体制の確立

だが、第1次大戦が終わり、戦間期を経て英米仏間の「三国通貨協定」が締結される時期ともなれば、英米間の力関係にもかなりの変化が生じていた。もはや、シティのおじ様たちも、そうそう若きいとこたちを、人生の先輩気取りで面白がりながら見守っているというわけにはいかなくなった。そもそも、三国通貨協定そのもののなかに、おじ様と若きいとことの間の勢力逆転の構図が鮮明に表れていたのである。

三国通貨協定において、アメリカは相手が金本位国であるとないとにかかわらず、固定価格で金を無制限に売却することを宣言している。ただし、それは相手側が自国通貨の対ドル為替相場を可能な限り安定的に維持することを前提としていた。その約束が守られていないとみなせば、アメリカは24時間の予告をもって金売却を停止する。それが契約条件だった。

欲しければ、アメリカはいくらでも金を定価で売ってあげますよ。ただし、それはあなたがたがお行儀よくしていればの話ですよ。お行儀よくできているかどうかは私が判断しますよ。こういうわけであった。

金を公定価格でいくらでも売却するといえば、いかにもお人好しそうである。だが、その実はアメリカが完璧に主導権を握っているのであった。こんな芸当がアメリカにはできて、しかも、それを先輩たちは受け入れざるを得ない。こうなってくれば、もはや、アメリカが主役であった。この協定が結ばれたその日をもって、パックス・アメリカーナの時代が始動した。

そして、時はさらに流れ、第2次大戦が終結する。パックス・アメリカーナはもはや揺るぎないものとなった。ブレトンウッズ体制の確立である。

IMF（国際通貨基金）と世界銀行を両輪とするブレトンウッズ体制の構築に関して、シティの面々は一貫して懐疑的だった。国際的な通貨関係を安定的に保持するというのは、銀行家たちがやるべき仕事だ。ジェントルマン銀行たちが長年にわたる人脈を駆使しながら担うべき役割だ。そこに、適宜、中央銀行が絡んでいけばいい。

その柔軟性があってこそ、通貨と金融の世界は秩序と繁栄の黄金バランスを保てるのである。国々の政府がやたらと関与すべき世界ではない。いわんや、超国家的な国際機関などが大きな顔をして采配を振るうような体制は受け入れ難い。それがシティ的心意気であった。王侯貴族たちと対等に、インフォーマルに、したたかに、臨機応変に付き合ってきたマーチャント・バンキングの信条がそこにあった。パックス・ブリタニカの底流にも、この海賊精神が息づいていたのである。

だが、大西洋の向こう側の若きいとこたちが主導する「勇気溢れる新世界」の論理は、もはや海賊の論理ではなくなっていた。しっかりした組織体制を構築し、そのなかで、国々がそれぞれに応分の役割をしっかり担う。抜けがけや単独行動は許さない。為替戦争が二度と起こらないために、確固たる通貨的枠組みをつくる。そして、その枠組みの軸にはドルを据える。

戦後において、なお金本位制を維持できる状態にあったのは、アメリカだけであった。なにしろ、この時点で世界の貨幣用金のおよそ3分の2がアメリカに集中していたのである。そのアメリカの言い分には、最終的に誰も逆らうことはできなかった。あの強気のはねかえり者、ケインズをもってしても、それは無理だったのである。

1944年7月に開かれたブレトンウッズ会議の場において、ケインズがイギリスを代表して戦後世界の通貨体制に関する独自案を提示し、アメリカに対抗したことは周知の通りだ。アメリカ側の提案者は若き財務官僚のハリー・デクスター・ホワイトだった。彼が提案したのが、前記の金本位貨ドルを軸とするＩＭＦ構想である。

最後の抵抗を試みたケインズ

それに対し、イギリス大蔵省を代表してケインズが「世界清算同盟」案を提唱し、併せて、「バンコール」という新たな人為的決済手段の創設を主張した。この時のケインズの立場はなかなか複雑だった。ジェントルマン銀行家たちの古色蒼然たる自由放任主義的な世界観には、彼は大いに苛立ちを感じていた。あいつら、いまだに頭の中は１９１４年のままだ。古い古い。我々は、まさしくもう「勇気溢れる新世界」に住んでいるのだ。彼らにはなぜ、それが分からないのか……。

そう概嘆し、憤慨してやまないケインズであった。だが、怒りながらも、ケインズ自身もシティの金融機能が大きく後退してしまうような戦後体制ができ上がることは潔しとしていなかった。ポンドの威光が完全に地に落ちてしまうことには、ポンドの番人を嫌うケインズも危機感を抱いていた。第２次大戦後の「新世界」におけるイギリスの新たな飛躍を演出しようとしていたケインズとしては、ポンドの没落は決して望むところではなかったのである。

そこで、彼は何とか戦後の通貨体制がドルの天下となることを防ごうとした。そのための「バンコール」提案だったし、「世界清算同盟」構想だった。ドルが基軸通貨になるのではなく、新たに人為的な流動性を創設する。そして、それを利用して国々の間の貸借を帳簿上で清算する。このやり方なら、ドルが通貨と金融の世界に君臨することはない。ドルの切れ目が世界経済の成長の切れ目になることもない。

斬新にして大胆な構想だった。大胆過ぎた面もある。いずれにせよ、このケインズの頭脳プレーにも、若きいとこたちの破竹の勢いを止めるだけの力は、もはやなかった。シティの老紳士たちは、黙して勇気溢れる新世界を受け入れるほかはなかったのである。

第四章　シティからジェントルマンが消えた日

蔓延した英国病、シティはポンドを捨てた

シティに本格的な戦後がやってきたのは、１９５８年のことであった。この年の12月、ポンドが全面的な交換性を回復したのである。

ここでいう交換性とは、米ドルをはじめ、他国通貨と自国通貨の自由交換を容認することを意味している。当時において、ＩＭＦ（国際通貨基金）体制下の基軸通貨となったドルとの交換性は、ポンドが国際通貨としての地位を回復するための必須条件だった。なぜなら、ドルと交換してもらえないようなポンドは、もはや、誰も保有しようとしなくなっていたからである。誰もがポンドを欲しがった大英帝国時代とは、様変わりの戦後の通貨模様であった。

だが、それを嘆いていても致し方ない。何はともあれ戦後復興を急ぎ、輸出力を回復し、せっせとドル資金を稼いでため込んでいかなければならなかった。そして、１９５０年代

末にいたって、ようやくドル準備の蓄積に一応の目途が立ち始めた。そこで、ついに念願の交換性回復に踏み切ったというわけである。

さあ、これでシティもようやく本格稼働だ。シティの国際派たちが色めきたった。だが、話はそう簡単ではなかった。そもそも、「シティの国際派」という言い方をしなければならなくなっていたところに問題があった。海賊商人たちが興したシティは、元来、その存在自体がまるごと国際派だったはずである。だが、2つの大戦を経るなかで、事情が少々変わってきていた。

企業の国有化、停滞したイギリス経済

マーチャント・バンクたちは、相変わらず世界に思いを馳せてとどまるところを知らない。だが、その一方で、シティの一角に内向きで国産好みの集団が形成されつつあった。

彼らが集まるところ、それが証券取引所であった。戦時下の統制経済のなかで、株屋さんたちの感覚はすっかり国際性を失っていたのである。もっぱら国内株の売買ばかり扱っているうちに、それでいいじゃないかという機運が定着した。海外といっても、せいぜい大英帝国名残のポンド圏だけしか、彼らの視野には入らないようになっていた。

こうしてひきこもる株屋たちを尻目に、マーチャント・バンクは再び世界に躍り出ようと勇躍した。だが、ここで彼らの足を引っ張る大きな要因が出現した。それがかの「英国病」である。

英国病を一言でいえば、要するに「低成長・高インフレ病」である。戦後初の政権となった労働党のアトレー政権がその素地を作った。基幹産業を国有化し、大型の公共事業で需要を作り出し、その結果として得られる税収を高福祉社会の形成に当てる。それがアトレー政権のシナリオだった。だが、このやり方が生み出したのは、非効率と低生産性と強力な労働組合であった。

巨大で小回りが利かない国有企業は、慢性的な生産過剰状態に陥る。彼らが作り出すものには競争力がないから、輸出は減って輸入が増える。したがって対外収支は赤字が増える一方だ。そんな状態に陥っても、組合パワーが強いから、生産調整ができない。賃金も抑制できない。

賃金が上がれば物価が上がる。競争にさらされない国有企業たちが、賃金の上昇に対応して機械的に製品価格を上げてしまうからである。かくして、インフレも慢性化する。低成長・高物価の英国病のでき上がりであった。

1960年代のロンドン証券取引所
当時UPIが配信した写真

戦後の歴代英国政権は、1979年にサッチャー政権が登場するまでの9代の政権のうち、5代が保守党政権である。それにもかかわらず、アトレー労働党政権によって蒔かれた英国病の種は、30年余りにわたって毒々しい花を咲かせ続けた。抜本的な路線転換に至るには、あの泣く子も黙る鉄人サッチャーの登場を待たなければならないのであった。

この30年間にわたって、シティの国際派は英国病がもたらすポンド安に悩まされ続けた。冒険金融の魂を失った証券取引所の精彩のなさも、シティから投資家たちを遠ざけた。そもそも、もっぱら国内株ばかりを扱う証券取引所は、英国病をシティに引き込む厄病神と化しつつあった。国有企業と労働組合たちの間に広がる談合となれ合いの体質が、そのまま、国内株を扱うディーラーやジョバーたちに伝染していったのである。

ポンドは安い。株式市場は活気がない。これでは、シティに資金も投資家も集まらない。シティが世界に見放される。そんなことを許してなるものか。だが、どうするか。マーチャント・バンカーたちの悩みは深かった。

起死回生の発想、ユーロ市場の誕生

そこに1人の救世主が登場した。その人の名はジョージ・ボルトンである。あの為替ディーラー上がりのイングランド銀行スタッフだ。為替戦争の背後で、密かにその終結後を見越した体制づくりに動いたやり手である。その彼が、戦後におけるシティ復権に向けて一計を案じた。

当時、ボルトンはイングランド銀行を辞めて自らマーチャント・バンクの経営者になっていた。その名も「ロンドン・南米銀行」といかにもスケールが大きい。その彼が提唱したのが、シティの「ユーロ市場化」であった。

ユーロといっても、今日の欧州単一通貨のことではない。ユーロドル、ユーロマルク、ユーロ円。そしてユーロ債。要するに、それぞれの自国を離れて取引される通貨や債券である。1950年代後半、まさしくポンドが交換性回復に向かう時期に、まずはユーロドルが出回るようになった。ユーロドルの出現は、アメリカ国内よりは高利回りの運用を狙うアメリカ人投資家や、亡命ロシア人の資産保全行動がもたらしたものである。いわば無国籍通貨の誕生であった。

ボルトンは、この無国籍ドルの取引センターとして、シティを繁栄させることを考えた。何とも大胆な発想の転換であった。ポンドの守護神として栄えてきたシティを、ポンドと決別させることで蘇らせようというのであった。まずはユーロドル預金の受け入れを手始めに、ユーロ市場化の基礎を築き、次第にドル以外の無国籍通貨たちも取り扱うようにする。そしてやがてはユーロ債ビジネスにも進出する。

ポンドが英国病と心中するなら、どうぞご勝手に。ポンド死すとも、シティは死せず。いかにも海賊の末裔らしい発想であった。いざとなれば、祖国の繁栄とみずからの繁栄を切り離して考えることができる。久々にシティがその本来の顔をみせた場面だったといってもいい。

ボルトンがシティのユーロ市場化を提唱したのが、1960年のことである。彼の思惑通り、ユーロ市場としてのシティは大いに栄えた。英国病の死臭ただよう証券取引所のシティとは似ても似つかぬ世界であった。もっとも、最終的には両者は一体化したのである。

ビッグバンで得たセカンドライフ

ユーロ市場の誕生によって、シティは2つの街に分裂した。大国際金融センターとしての外向きのシティ、そして伝統的証券取引の場としての内向きのシティである。「シティ版二都物語」の出現であった。

2つのシティの間を隔てる壁が、外国為替取引規制であった。外為規制とは、いうまでもなく、自国通貨と外国通貨との自由な交換を規制する制度だ。イギリスは1958年にポンドに関する交換性の回復に踏み切っていたのであるが、それでも、ポンドと外貨の全面的な自由交換を認めていたわけではない。イギリス人やイギリス企業の外貨持ち出しは厳しく制約されていたし、海外からの対英投資も規制されていた。

この規制の壁があればこそ、内向きのシティは内向きでいられた。外からの闖入者《ちんにゅうしゃ》を恐れることはない。誰かが身内を打ち捨てて、より広い世界に飛び去っていく心配もない。

ぬくぬくとぬるま湯に浸かっていられた。その間に、外向きのシティは世界を相手に手数料を稼ぎ、金利収入を上げた。彼らの取引はあくまでも「外—外」型で、外貨とポンドの交換を伴わない限り、ビジネスを制約するものは何もなかったのである。

当然ながら、2つのシティの間には人的交流もほとんどなかった。証券取引所の会員たちは、シティに昔からあるジェントルマンズ・クラブで、たっぷり時間をかけて昼食を取る。だが、新進気鋭のユーロ市場関係者にそんな暇はない。昼食を食べる時間も惜しんで、世界との24時間取引に気合を入れる。彼らのなかに、老舗ジェントルマンズ・クラブの会員は見当たらなかった。そんな暇人はいなかったし、そもそも、入会を申し込んでも断られたことだろう。

ロンドン証券取引所の大改造

このシティ版二都物語に大きな転機がやってきた。1979年のことである。この年に、英国病克服の旗印を掲げて、泣く子も黙るサッチャーおばさまが政権を奪取した。そして、瞬く間に外為規制の全面撤廃に踏み切ったのである。この防壁がなくなってしまえば、内向きのシティも、もはや、安閑とはしていられない。延々とランチを楽しんでいられる時

鉄の女・サッチャー登場（1979年）

代は終わった。外の風にも耐えられて、外の世界にも通用する存在に生まれ変わるべく、ロンドン証券取引所の大改造に取り組むことが待ったなしの課題となったのである。

もっとも、内向きシティの面々のなかでも、体質改善の必要性は79年以前の段階で次第に意識されつつあった。無風状態で温存されてきたロンドン証券取引所の特異な制度・風習が、投資家たちをシティから遠ざけている。このままでは、いずれ閑古鳥が鳴き始める。地盤沈下が決定的になる前に、何とかしなければ……。ロング・ランチの席上でも、そのような会話が交わされるようになっていたのである。

ロンドン証券取引所の特異体質には、大別して3つの側面があった。

第1が、新規会員の単独会員権取得を認めないという閉鎖性である。新たに証券取引所の会員になりたいと思う事業者は、既存会員に出資するしかなかった。しかも、出資比率は29・9%までに制限されていた。たとえ出資したいような相手が見当たらなくても出資を強いられる。しかも、その相手を言うなりにできるまでの株を買い占めることは許されない。要するに、入会を諦めさせるための嫌がらせだ。基本的に新規参入お断りというスタンスである。ユーロ市場人間を会員にしたがらないジェントルマンズ・クラブとまったく同じ。この当時のロンドン証券取引所は、それ自体がまさしく会員資格に小うるさいジエントルマンズ・クラブ化していたのである。

第2の特異ルールが、いわゆる「単一資格制度」である。「ブローカー」と「ジョバー」に関する兼業禁止制度だ。前者が顧客指図で動く株式仲買人、後者が自己勘定で株式売買を行うマーケット・メーカーたちである。単一資格制度には、両者の兼業を禁止することで利益誘導や利益相反を封じる狙いがあった。その限りではもっともな規制だったのである。だが、それがシティの使い勝手を悪くしていることは否めなかった。そのうえ、棲み分けが定着するなかで証券業者たちはすっかり闘争本能を失い、軟弱化していた。これでは、外為規制の撤廃に伴って進出してくるであろう外資系の競争相手に、立ち打ちできるはずはなかった。

第3の問題が、最低手数料制度であった。これがある限り、手数料の安さで勝負する競争には限界がある。ところが、シティの最大の強敵であるニューヨークでは、すでに1975年に手数料の自由化が敢行されていたのである。ライバルのそうした動きを目の当りにして、心中穏やかならぬロンドン証券取引所クラブの面々であった。

どうせやるなら「ビッグバン」、よみがえった海賊魂

ぬるま湯は居心地よけれど、どうもこれでは先行きが危うい。そんな内向きシティ陣の背中に強烈な一突きを浴びせたのが、サッチャー首相の外為規制全廃措置だったわけである。もはやこれまでというわけで、以降、内なるシティの自己変革論議に花が咲いた。そして、１９８６年10月27日、その論議の成果が具体的な改革構想として日の目をみることになる。これぞ、世にいうシティの金融ビッグバンにほかならない。

こうしてみれば明らかな通り、金融ビッグバンはシティにとって決して外から押しつけられたものではなかった。ギリギリのところまで追い詰められていくなかで、ぬるま湯的棲み分けの自己破壊性に証券取引所のメンバーたちがみずから気づいた。崖っぷちまで追い込まれてのことではあったが、そこで、ようやく、海賊魂がよみがえったのである。

現に、ビッグバンという言葉自体、サッチャー首相の命名とも、メディアがつけたレッテルともいわれるが、実をいえば、そのいずれでもない。証券取引所の内部論議のなかから出てきたネーミングなのである。

「やるからには、やっぱりビッグバン方式でなくっちゃ」。このような調子で、１９８４

年ごろから彼らが使い出した表現である。

そして、いざ実行となれば、その貫徹振りはなかなか見事であった。まさしく、ビッグバンとばかりに、閉鎖的で前近代的でランチが長いシティが、活気溢れる超現代的金融センターに変身するのであった。電子取引がどんどん導入され、それに伴ってオフィススペースもどんどん現代風に改装されていく。まさに海賊的な変わり身の早さであった。やや繰り返しになるが、ビッグバンが改革の主対象としたのは、ロンドン証券取引所の前述の閉鎖的な会員権制度、ブローカーとジョバーの兼業を禁止した単一資格制度、そして、最低手数料制度であった。会員権を開放し、兼業規制を取り除き、単一資格制度を廃止した。こうして、ロンドン証券取引所のぬるま湯と棲み分けの日々に終止符を打つことを目指したのである。

意地っぱりのようでいて、いざとなれば、ころっと変わる。気が変わったとなれば、もう昨日までのことはすっかり忘れて、新しいやり方で舞い上がる。表向きはおつにすましたジェントルマン・バンカーたちも、その本質は、なかなか江戸っ子なのであった。そこが彼らの面白いところだ。

ならず者にやられた王子・ベアリングス

金融ビッグバンのおかげで、シティは再び往年の輝きを取り戻した。そして、金融ビッグバンへとシティを追いやる大きなきっかけとなったのが、サッチャー政権による外為規制全面撤廃政策だった。その意味で、サッチャー首相はシティにとって命の恩人である。

もっとも、外為規制の撤廃に踏み切るに当たって、シティを蘇生することがサッチャー首相のそもそもの狙いだったわけではない。ここが皮肉なところだ。サッチャー氏は、実をいえば大のシティ嫌いだったのである。彼女は理系の庶民派で、シティは文系の紳士派集団だ。水と油である。相互不信にはかなりのものがあった。サッチャー氏はオックスフォード大学の出身だが、専攻分野は化学だった。そして彼女の父親は雑貨店を経営していた。親が商店主で本人は技術屋。文系で代々銀行家であるケースが多いジェントルマン資本家たちにとって、これは最も苦手なタイプだ。何でも、理屈で割り切って物ごとを処理しようとするサッチャー氏のやり方も、彼らには気に食わない。サッチャー氏側からみれば、彼らは理屈が通らない相手だ。浮世離れしていて庶民感覚が欠如している。最も憎むべきタイプだ。こんな連中に主導権を握られてなるものか。そう考えた彼女は、最後までイングランド銀行に法的独立を与えようとしなかった。

外為規制を取り除くことで、サッチャー首相が目指したのは、シティではなくてイギリス製造業の競争力強化であった。規制に阻まれることなく、規制に保護されることなく、世界を舞台に勇躍するモノづくり大国を再建したい。それが彼女の思いだったのである。ところが、蓋を開けてみれば、外為規制の撤廃で元気づいたのはモノづくりではなくてカネ回しの世界であった。モノづくりの世界も元気にならなかったわけではない。だが、これも実態的には、もっぱらイギリスに進出してきた海外メーカーたちのおかげであった。外為規制を撤廃したばかりではなく、サッチャー改革は積極的な外資導入政策を目玉の1つとしていた。それが功を奏しての外国勢依存型産業再生であった。

金融ビッグバンそのものの影響には、2つの側面があった。第1に、資金調達ルートが拡大し、多様化した。アメリカ勢を筆頭に、外資系投資銀行がシティに進出したからである。それによって、大手メーカーたちの資本基盤は潤った。反面、うるさ型の貸し手が口出しをするようになった結果、目先の利益確保に追われて経営が近視眼的になっていくのであった。第2に、中小製造業は完全に見放された。彼らの資金源である中小金融機関が壊滅状態に陥ったからだ。その大半が進出外資に駆逐されるか、吸収されてしまったのである。かくして、金融ビッグバンはイギリス製造業の極端な二極化をもたらすことになった。

品位だけでは通用しなくなった

シティの復権にも、多分に外国勢依存型の側面があった。ビッグバンですっかり対外的な垣根が低くなったシティには、どんどん、海外から巨大金融機関たちが進出してきた。彼らが展開する国際ビジネスこそ、シティを再び世界の金融の中心地に返り咲かせてくれる原動力だった。

したたかに蘇るジェントルマン資本主義の本丸を目の当たりにして、サッチャー首相は、さぞかし複雑な思いに駆られたことだろう。何しろ、救うつもりのない相手の救世主となってしまったのである。さしもの「鉄血宰相」も、これは想定外のことだったに違いない。だが、そうなればなったで、ちゃっかりビッグバンも自分の手柄の1つに数える。この辺りは、彼女もやっぱり海賊派だ。

いずれにせよ、１９８０年代後半以降、シティは大いに活気づくことになった。だが、その活況には１つの自己破壊的側面が潜んでいた。外国勢に煽られて慣れない商法に手を出すと、それが命取りになりかねないという問題である。

既述の通り、長年、シティは「単一資格制度」の下で証券取引を行ってきた。顧客指図取引と自己勘定取引を分離する方式である。ビッグバンの柱の１つが、この単一資格制度の撤廃にあった。前にみた通りである。

単一資格制度がなくなったことで、そもそも、そのような垣根なしにビジネスをやってきた外資系金融機関がシティをベースに活躍するようになった。すると、シティのジェントルマン銀行家たちも、やはり、彼らのやり方に追随せざるを得ない。紳士同士の暗黙の了解は、もはや神通力をもたない。新しいやり方に、いち早く精通した者が勝利する。大胆に業容を拡張する者が成功を勝ち取る。

そうした熱っぽい雰囲気がシティを覆うなかで、１つの老舗マーチャント・バンクが熱に浮かされて墓穴を掘った。かのベアリングス銀行である。マーチャント・バンク業界の王子様だ。王子様であるがゆえに、品はいいが世間知らずでもあった。世間知らずであることをよしとしていた。「金利などいただかなくても結構です」。そんな紳士流銀行業の典型が、ベアリングス銀行の行風だった。

だが、そんな王子様でも時流には勝てない。遅ればせながら、相手かまわず、世界をまたにかける証券取引に打って出た。そのころから一世を風靡し始めた金融派生商品も、取り扱うことにした。ところが、王子様の品位が邪魔をして、どうも、今1つ身が入らない。どうしても、新手の商売は人任せになりがちで、上層部は「よきにはからえ」主義を決め込む場面が多いのであった。

そんな隙だらけの経営体制のなかで、1人の人物が頭角を現した。シティはもとより、国際金融の現代史に深く悪名を刻み込むことになった男だ。かの「ならず者トレーダー」、ニック・リーソンである。

ニック・リーソンはジェントルマン・バンカーではない。一介の事務員として、金融業界に足を踏み入れた労働者階級の出身者だ。どう間違っても、マーチャント・バンクの経営陣の一角を形成することはあり得ないタイプの人物である。その彼が、ひたすら才覚1つで、シンガポール国際金融取引所（SIMEX、現SGX）でベアリングスの先物取引を統括する地位を勝ち取った。

ベアリングスを潰したニック・リーソン（中央、1995年）　Reuters

ニック・リーソン事件の本質とは

このような立身出世があり得ることこそ、ビッグバン後のシティならではのダイナミズムだった。だが、その一方で、王子様銀行業の最高峰の部分では、相変わらず「金利なんて……」と眉をひそめるカルチャーが支配していた。今日風の儲け仕事は下々に任せて、王子たちは昔ながらの長いランチを楽しむのであった。

その意味で、ビッグバン後のシティには新しい二都物語現象が現出していた。ニック・リーソンに代表される「今」のシティと、彼の雇い主だったベアリングスの経営陣を典型とする「昔」のシティである。「昔」のシティは「今」のシティのおかげで潤う。だが、「昔」のシティは「今」のシティが何をしているのか、皆目、分からない。分かろうともしない。経営者たちがロングランチを楽しんでいる間に、ニック・リーソンは相場の張り間違いで巨大な損失を出し続け、それを隠し続けていた。現場感覚に欠ける経営陣はそれに気づくのがあまりにも遅く、気づいた時の対応があまりにも現実逃避的だった。当時の会長だったピーター・ベアリングは、最後の最後まで「ベアリングスは顧客による壮大なスケールの詐欺の犠牲者だ」と、言い続けていた。むろん、これは幻想である。あくまでも、ベアリングスみずからの無責任経営がもたらした大失態であった。

ニック・リーソン事件のおかげで、ベアリングスは倒産した。すでにみた通り、１８９０年恐慌時にも、ベアリングスは倒産の危機に瀕した。その時は、イングランド銀行の指揮下でシティが挙げて救済に奔走した。だが、ビッグバン後のシティに、もはやそのクラブ的結束力はなかった。かくして、１９９５年2月26日、ベアリングスはその長い歴史を閉じた。たった１人のならず者が、シティの王子様の息の根を止めた。これこそが、シティにとって本当に衝撃のビッグバンであったかもしれない。

暗黒の水曜日に見えたシティの真髄

経済の歴史のなかで「ブラック」と付けられた日がいくつかある。最も有名なのが「ブラック・サーズデー」だろう。１９２９年10月24日である。この日のニューヨーク株大暴落を皮切りに、１９３０年代不況をもたらす恐慌の嵐が世界を覆うことになった。次点の位置に来るのが、「ブラック・マンデー」である。１９８７年10月19日。この日にも、やはりニューヨーク株が暴落した。基軸通貨としてのドルの落日ぶりが露呈した日であった。

これら2つの暗黒の日は、大いに世界を震撼させた。むろん、シティもその時激しく揺れた。だが、シティにとっては、忘れ難い暗黒日がもう1つある。それが１９９２年9月16日の「ブラック・ウェンズデー」である。この日、ポンドが欧州通貨制度（ＥＭＳ）の為替レートメカニズム（ＥＲＭ）から離脱した。それはすなわち、ポンド売り投機に対する通貨当局の敗北を意味していた。イギリスの通貨政策にとって、まさしく暗黒の日であった。

ＥＭＳとは、１９７９年に発足した統合欧州に固有の通貨制度である。今日のＥＵ（欧州連合）がまだＥＣ（欧州共同体）だった時代のシステムだ。その実務的な仕組みであるＥＲＭを一言でいえば、要するにＥＣ内限定型の固定為替相場制度である。

まず、ＥＣＵ（欧州通貨単位）という独自の通貨単位が設定された。加盟各国通貨の価値を加重平均した通貨バスケットである。それに対して各国がいくらで自国通貨を交換するかという平価を設定し、その堅持義務を負う。同時に、対ＥＣＵ平価を介して決まる加盟各国間の２国間平価についても、同様の堅持義務を明記する。こうして、欧州通貨間の相場変動を極めて狭い範囲内に追い込んでいく。その延長上に欧州単一通貨の実現を展望した通貨制度であった。

売り浴びせられたポンド

当初、イギリスはこのシステムに仲間入りすることを拒んだ。制度的枠組みとしてのＥＭＳそのものには一応名を連ねたが、その為替決定方式であるＥＲＭのメカニズムに従ってポンド相場を管理することは、潔しとしなかったのである。もっぱら、サッチャー首相の統合欧州嫌いを反映したスタンスだった。彼女が党内政変で首相の座を追われた後、90年になってイギリスもERMの一員となった。

ところが、仲間入りしてみると、ERMが求めるポンド平価を維持することは、予想外に厳しい課題だったことが判明する。それというのも、当時のイギリスは80年代後半のブーム期から持ち越された慢性インフレに悩まされていた。インフレ通貨としてのポンドには常に売り圧力がかかりがちだったのである。それに抗してポンドのERM平価を守ることには、なかなか辛いものがあった。

そして、ついにERM平価を守り切れない場面がやってきた。それがブラック・ウェンズデーだったのである。この日、イングランド銀行はポンド相場を守るために1日の間に3回の利上げを行った。3連続引き上げの結果、基準金利の水準は15%に達した。一方で、投機売りに対抗した介入の規模も、毎時20億ポンドという凄まじい規模に達した。

だが、この捨て身のポンド防衛も空しく、イギリスはERMからの離脱を余儀なくされ、この戦いは投機筋の大勝利に終わった。それもそのはずである。固定為替相場制度の下での平価というものは、厳格に決められていればいるほど、経済が失調した時に防衛することが難しい。だからこそ、日頃の経済運営に対して強い節度要請効果を発揮するわけだが、制約があまりきつ過ぎると、かえって無理が生じることになる。

それを承知の投機の吸血鬼たちが血の臭いを嗅いでしまえば、もはや万事休すだ。ポンドのＥＲＭ平価を巡る攻防は、始まる前から勝敗の行方がみえていたといっていい。誰もが筋書きを読めるドラマであった。イングランド銀行は、ざっと１５０億ポンドという大金を投じながら、最終的にジョージ・ソロスを筆頭とする投機軍団に完敗した。ソロスは、この1日で10億ポンドの純益を上げたという。

このドラマのなかで、シティが演じた役割は複雑だった。二重人格的だったといっていい。「強いポンド」を守りたいという気持ちは、シティ人間にとって1つの本能だ。特にビッグバン以前からシティに住みついてきたマーチャント・バンクの末裔たちにとっては、「ポンドを守れ」はＤＮＡのなかに深く刷りこまれた呼び声である。

しぶとく生きる海賊ＤＮＡ

だが、ビッグバンとともにシティにやってきた外国勢やニック・リーソン型のシティ新人類たちにとっては、話は別だ。ともかく儲かればいい。彼らには、守るべき大英帝国の栄光もない。イングランド銀行との絶妙な連携プレーでシティの繁栄を守り抜くという使命感も生存の論理も持ち合わせてはいない。ひたすら、チャンスをつかんで大きく儲ける。その醍醐味を求める執念と嗅覚がすべての「今的」シティの仕掛け人たちには、ポンドへの忠誠心など、かけらもありはしなかった。

もっとも、この時ほど成り行きがはっきりみえてしまっている攻防となれば、いかに伝統派のシティ人間たちといえども、勝負師の血はやっぱり騒いだ。ポンドの崩落に顔を覆い、嘆きの声を上げながら、その一方で彼らもまた、さかんに売り注文を出していた。裏切り者のユダの心境にかられながらも、それでも、やはり勝ち馬にはしっかり乗る彼らであった。ジェントルマン資本主義のＤＮＡというよりは、むしろ、それ以前の海賊ＤＮＡの目覚めが誘発した行動だったろう。

ジェントルマン・バンカーの目からみれば、この日はまさしく暗黒の日だった。大陸欧州人たちが考案した為替相場制度に、立ち遅れて参加したことだけでも、屈辱である。おまけに、参加したと思えば、早々にポンドが平価を守り切れない脆弱通貨とみなされて投機を浴びる。しかも、その投機筋との攻防に敗北する。これがパックス・ブリタニカのなれの果てか。悲惨すぎて目も当てられない。

だが、海賊的見地からみれば、これほど面白い展開はない。波荒き大海原に躍り出て一攫千金の勝負に出るようなものである。その結果、自分たちの懐が豊かになり、おまけに、ERMなどという窮屈な衣をポンドからはぎ取ることができるなら、これはなかなか悪くない。紳士の衣の下から、海賊の魂がみえかくれする。

実際に、この日をブラック・ウェンズデーならぬホワイト・ウェンズデーと呼ぶシティ関係者もいたのである。暗黒どころか、柄にもないお行儀の良さと決別して、シティがシティらしいのびやかさを取り戻した日。そんな思いを込めてのネーミングだ。確かに、こっちの方がよほどシティらしい。21世紀が近づくなかで、シティがみずからの17世紀的ルーツを思い出した場面であった。

「ユーロ市場」を作ったシティのユーロ嫌い

ポンドが欧州通貨制度の為替レートメカニズムであるＥＲＭから離脱した顛末をみた。その後のイギリス経済の展開が面白い。実に、水を得た魚のごとき快進撃の道をたどることになったのである。ＥＲＭ平価を守るという制約がはずれたおかげで、金利は思うように下げられる。低金利下でポンド相場が下落しても、おとがめなしである。そして、ポンドが下がれば輸出が伸びる。インフレは少々気になるが、高金利下で失業増に甘んじるよりは遥かにマシだ。

かくして、１９９３年の春先を底にイギリス経済は長い景気拡大過程に入った。結果的に、何と16年にわたるロングラン好況を記録することになったのである。その意味で、ポンドのＥＲＭ離脱日である１９９２年９月16日、すなわち「ブラック・ウェンズデー」は、確かに「ホワイト・ウェンズデー」だった面が多分にある。この言い方が当時のシティ関係者のなかではやったことについては、前にみた通りである。

93年に底打ちした後のイギリス経済は、ともかく、むやみに調子よく成長街道をひた走った。実質経済成長率は概ね2％台後半の水準で推移した。3％を超える時もあった。EU全体として、何とかぎりぎり2％成長を維持するような状況の中で、ひとりイギリスが気炎を上げる格好だったのである。英国病時代とは全く様変わりであった。

特に96年から97年あたりからのパフォーマンスが際立っている。97年には成長率が3・4％に達したし、そうした数字もさりながら、イギリス経済全体の雰囲気がこのころから目立って浮かれ始めた。97年といえば、トニー・ブレア首相率いる労働党が久々の政権返り咲きを果たした年だ。思えば、総選挙当日の5月1日は、これぞ五月晴れというほかはない大快晴だった。移り気なイギリスの天気の神様も、この日ばかりは新進ヒーローのために終日微笑み続けた。以降、イギリスの政治と政策はブレア首相が掲げる「ニューレイバー」主義の下で、いわば「サッチャリズム・パート2」とでもいうべき方向で展開していくことになる。

それは、ソフト・サッチャリズムと言い換えてもいいかもしれない。労組や国有企業との荒々しい戦いの時代は終わって、自由な経済と優しい政治の二人三脚を追求するという

「第三の道」主義が掲げられる時代となっていた。要はいいとこ取りなわけだが、それを標ぼうするブレア政権下で、イギリス人たちはすっかり浮かれ気分に浸り始めたのである。

次々とトレンディーなレストランがロンドン中で開店して行く。どれも予約ですぐさま一杯になる。繁華街には人があふれている。タクシーは足りない。シャンパンも足りない。いみじくも、このころから「クール・ブリタニア」という言葉が流行りはじめた。これは「ルール・ブリタニア（ブリタニアによる支配）」のもじりだ。ブリタニアは、いうまでもなくイギリスのことである。大英帝国が世界を制覇する姿を、高らかに謳い上げた詩の題名である。作者は18世紀の詩人、ジェームズ・トムソンで、これに音楽家トマス・アーンが曲をつけて同名の歌が生まれた。イギリスの第二の国歌ともいわれる。

「ルール」を「クール」に言い換えることで、当時のイギリス人たちは柄にもなくトレンディーな雰囲気となった祖国を称え上げるのであった。そうした中で、シティの風景も随分、変わった。かつてのコーヒーハウスの伝統を受け継ぐ薄暗く煤けた飲み屋に代わって、ガラス張りのテラス風レストランが続々と出店するようになった。こうしてイギリス人たちがクールな気分を味わっているうちに、経済実態は次第に過熱してホットになり過ぎて行くのであった。

ホワイト・ウェンズデーがもたらした長期好況に終わりの時がきたのが、2009年の年初のことだ。グローバル恐慌としか言いようのない経済的大激震に、世界中が呑み込まれるなか、イギリスの浮かれ景気もついに息の根を止められた。そこに至る過程でイギリス経済に何が起きたか、そしてシティがそのなかでどのような役割を果たしたのだろうか。

単一市場は良くても単一通貨は困る

話がやや先走ってしまった。シティと統合欧州の関係に戻ろう。イギリスがERMを離脱した後のシティは、ある意味で最もシティらしいやり方で統合欧州と付き合ってきたといえる。

ここで、イギリスのERM離脱後に統合欧州そのものがどのような歩みをたどったかを簡単に整理しておこう。

ブラック・ウェンズデーから1年余りが過ぎた1993年10月に、欧州連合条約（通称マーストリヒト条約）が発効した。大いなる紆余曲折を経ての発効だった。これによって、それまでのEC（欧州共同体）がEU（欧州連合）に昇格した。

マーストリヒト条約には3つの柱があった。第1に、共通外交安全保障政策の枠組み構築。第2に、域内司法・治安の共同化。そして第3に、単一通貨の導入である。1と2は、統合欧州の政治同盟化を確たるものにするための柱だ。第3の単一通貨導入は経済統合を完成するための柱である。

これを受けて、99年に単一通貨ユーロが誕生した。その時点でユーロを導入した国が、当時のEU15カ国中、12カ国であった。その後、04年にEUは東欧8カ国にマルタとキプロスを加えた10カ国の新規加盟国を迎え入れ、一気に25カ国のEUとなった。07年には、さらにブルガリアとルーマニアが加わり、ロシアの勢力圏と直接境界を接する27カ国の大所帯に膨れ上がった。一方、ユーロ圏には新たに4カ国が加入した。

このようなEUに対して、シティは常に微妙な距離感を保ってきた。欧州共同体が形成され、そのなかで市場統合が進むことについては、概ね支持のスタンスができている。世界を相手に金融サービスを提供することが仕事のシティにとっては、国境に制約されずにヒト・モノ・カネが移動する領域が広がることは大歓迎だ。ジェントルマン資本主義にしろ、海賊バンキングにしろ、それだけ活躍の場が増えるわけであるから、それに対して島国根性を出して抵抗するようなことはない。そんな狭い了見はシティの本質からはるかに遠い。

マーストリヒトの会議に参加したEC首脳（1991年12月）

その意味で、欧州統合の動きに対するシティの感覚は、イギリス全体としての庶民感情あるいは政治の姿勢に比べれば、概して、開放的だといっていい。イギリスというよりは世界のシティだ。その心意気があるから、世界をシティに引き寄せる展開には、決して背を向けることをしない。そうであればこそ、数百年にわたって築き上げられてきた居心地のいい内なる秩序を潔く放棄して、金融ビッグバンの大変身に挑みもしたわけである。

この感性からすれば、ヒト・モノ・カネが自由に行き交う欧州単一市場の出現は、シティとして決して忌避する性格の展開ではなかった。むしろ、久々に腕が鳴る場面の到来に、大いにエキサイトするシティであった。

だが、欧州単一通貨の導入となれば、話はまったく変わってくる。ユーロに対しては、いまなお、シティの拒否反応は根強い。とくにビッグバン以前からのシティの古い住人たち、つまりマーチャント・バンキングの系譜に連なる人々において然りだ。彼らが欧州単一通貨を嫌うのは、必ずしも、通貨が一つになること自体のためではない。それよりは、単一通貨体制の下で、金融を巡る政策の自由度が奪われていくということに強い抵抗感があるのだ。

統合された大きな市場が出現するのは大いに結構だ。だが、その市場を相手に商売をするために、イギリスがイギリスのための金融政策を自由に展開できなくなるなどということは、断じて許せない。イングランド銀行はシティのためにある。シティあってのイングランド銀行だ。この関係が崩れて、ブリュッセルだのフランクフルトだの、海賊精神とはおよそ無縁の精神文化が支配するどこかで、イギリスの金融の枠組みが決められては堪らない。そんなことは、シティにとって端《はな》からとうてい容認できない話であった。

「ユーロ・ユーロ」で行こう

そんなシティの心情を反映する小話が1つある。ユーロの誕生がいよいよ避けられそうになくなった時点で、シティで面白い言い方がはやるようになった。いわく、「我らはユーロ・ユーロで行こう」。

戦後のシティがユーロ・ドル市場として大復活を遂げたことは、すでにみた。ユーロ・ドルとは、要するにドル圏外で取引されるドルのことである。ユーロ・ドル市場とは、すなわちドルのオフショア市場にほかならない。それが成り立つのであれば、ユーロをオフショア市場、すなわちユーロ・ユーロ市場があっていいだろう。その役割をシティが担おうではないか。そういうわけである。

ユーロ圏内のユーロ建て取引など、小さい小さい。そんなものは、フランクフルトに任せておけばいい。シティが、ユーロと世界を結びつけるゲートウェーの役割を果たしてあげよう。そうやってシティが乗り出さなければ、ユーロは一体どうやって世界の通貨になれるのか。ユーロ圏という名の閉鎖空間のなかで、ちまちまやり取りしていても始まらないだろう。それでは、まるで地域限定商品券だ。そんなもののために通貨統合をやったのか？

この主客転倒の見事さこそ、シティそのものだ。以降、イギリスは結局、ユーロ圏に参加しないまま、今日に至っている。

第五章　よみがえれ、海賊紳士たち

自滅した仁義なき金融テクニシャン

以下の4つの数字をご覧いただきたい。

①74％、②65％、③100％、④100％。これらは何のパーセンテージで、それぞれ誰に関する数字であるか。すらすらとお答えになれる読者は、現下のグローバル恐慌の進行状況と、それに伴うイギリスの金融業界事情の変転を相当しっかりフォローされている。

正解はまたのお楽しみ……といきたいところだが、そうもいかない。種を明かそう。

まず、数字はいずれも、銀行の政府持ち株比率である。そして、どれが誰かは以下の通り。①ロイヤル・バンク・オブ・スコットランド（RBS）、②ロイズ・バンキング・グループ（LBG）、③ノーザン・ロック銀行、④ブラッドフォード＆ビングレー銀行（B＆B）。

①と②はイギリスの代表的な大手銀行、そして、③と④は不動産部門を中心に近年大き

く飛躍した中堅地方銀行だ。

いまやイギリス政府は、イギリス金融市場に君臨する大株主となった。大手行のなかで、政府による株式保有を免れているのは、ＨＳＢＣとバークレイズ銀行の2行のみとなってしまった。

ベテラン・ジャーナリストの警告

どうしてこのようなことになったのか。このテーマの本質をつく言葉として、2つの名言を紹介しよう。

その1が、「この（シティという）異様な陸の孤島の住人たちは…本土の人々と全く異なる世界観の持ち主だ。彼らにはイギリスの人々が歩く貸借対照表にみえている。…彼らの仕事はカネづくりだ。モノづくりではない」。そして、その2は、「いまやシティは売国奴的カジノと化した。イギリス産業の墓の上で踊り狂い、その報酬として自分で自分に破廉恥な高給を支払っている。シティについて、人々はこんなふうに考えるようになっている」。

発言その1は、戦後のイギリスを代表する経済社会ジャーナリスト、アンソニー・サンプソンのものである。そして、その2は、やはり経済記者として長年シティを見守ってきたデビッド・グッドハートとチャールズ・グラントの言葉だ。いずれも、1986年の金融ビッグバンを目前に控えるなかでの発言である。

くしくも、名うてのシティ・ウオッチャーたちが同じことを言っている。いずれも、モノの世界を置き去りにしたカネの世界の独り歩きへの強い疑念と警戒心がにじみ出た言い方だ。その後に進んだ金融の一段の自由化と瞠目のグローバル化のなかで、シティのカネづくりフィーバーとカジノ化は、ますます加速することになる。かくして、狂乱の度を高めながら、シティは21世紀へと突入していくのであった。

そのなかで、2つの新たな展開が起こった。第1に、カネの世界の熱狂がモノの世界に伝染した。そして第2に、シティがテクニシャンの街と化すことになった。

前記の2つの発言は、シティのカネ回し人間たちがモノづくり職人たちを打ち捨てて暴走していくことを嘆き、かつ怒っている。その悲憤慷慨はよく分かる。だが、時が経つにつれて、それだけで済む話ではなくなってきた。なぜなら、シティのカネ狂いがモノの世界も狂わせ始めたからである。

ここで第二章でみた産業革命当時のカネとモノの関係を思い出していただきたい。

当時のシティは、地方の野暮な産業人たちをなかば小馬鹿にしながらも、彼らの躍進がもたらす経済発展には大いに期待をかけた。したがって、産業資金供給にもしっかり力を入れていた。一方で、彼らをカジノの世界に誘い込んで堕落させるようなことは決してしなかった。素人衆には決して迷惑をかけない。それが、シティの一見紳士風金融ヤクザたちの心意気だったのである。

だが、それも今は昔。20世紀末のイギリスにおいては、カネの世界が押しつける貸借対照表至上主義と短期的成果主義に煽られて、モノの世界も次第にペースが狂い始めた。目先の収益を追いかけ、「企業価値」を上げることにきゅうきゅうとし、先端的経営手法の習得にあくせくするようになっていくのであった。いまや、シティは「イギリス産業の墓の上で踊り狂う」ばかりではなかった。それを通り越して、手当たり次第、モノの世界の人々を狂乱の舞いに引きずり込んでいくようになっていた。

前にも指摘した16年にわたるイギリスの長い景気拡大も、要はこんな調子で過大に膨れ上がったイギリス経済の「メタボ化」の産物だった。そう考えるべき面が多分にあった。カネは出すからもっと儲けろ。もっと多角的に、もっと早く、もっと派手に価値を高めろ。そんな掛け声にはやされて、ひたすら踊るこの間のイギリス経済だった。そんなイギリスに、いつの間にか、「クール・ブリタニア」のあだ名がついた。トレンディーさと軽佻浮薄さの香り漂うこの言葉に、なんとなく誰もが浮かれ気分を煽られる。そんな時代状況の中心に、変わり行くシティの姿があった。

道徳を失ったエリートたち

そんなシティで、次第に主役を演じるようになっていったのが、若きエリート金融テクニシャンたちである。ベアリングスのニック・リーソン事件以来、シティの人事戦略は随分変わった。ならず者はもうごめんだというので、なるべく高学歴者を採用しようという発想が広がった。オックスフォード大やケンブリッジ大で博士号を取った若者たち、それも工学系や数理系の技術者の卵タイプが好まれるようになったのである。

彼らは有能だ。そしていい子だ。決してヒトのカネでギャンブルしたりはしない。ひたすら、パソコンの画面の前で新しい金融派生商品の開発に励むのであった。なぜと問うなかれ。ひたすら開発すべし。それが、それこそ破廉恥な超高額サラリーにつながっていく。だが、成功報酬だから、この生真面目なテクニシャンたちは、そこに何ら不道徳なものを見いださない。そもそも、道徳とお仕事を結びつけて考えることがあまりない。

そんな彼らは、ジェントルマン資本家でも海賊バンカーでもない。金融ヤクザの仁義も知らない。彼らはひたすら作業員だ。その姿は、患者が目の前に座っているのに、彼らには一瞥もくれず、ひたすらパソコン画面を凝視する技師化した医師たちを思い起こさせる。

彼らに比べれば、ベアリングスをたった1人で倒産に追い込んだニック・リーソンの方が、はるかにシティ的な人物だった。ならず者には、それなりの計算と勝負心というものがある。だから、存外に危機一髪で難を逃れたりするのである。だが、テクニシャンにはそれがない。いい子で熱心でよく働きながら、人を巻き添えにしつつ破滅の道をひた走る。その行き着き先が、冒頭でみた4つの数字だ。そこに至る歩みをもう少し踏み込んでみておこう。

シティ派銀行、グローバル恐慌に勝つ？

イギリス政府の国有化の網に捕獲されてしまった4行（ＲＢＳ、ＬＢＧ、ノーザン・ロック銀行、Ｂ&Ｂ）に対して、これまでのところ、その難を逃れている大手金融機関が2行（バークレイズ銀行、ＨＳＢＣホールディングス）である。グローバル恐慌の荒波にもまれるなか、前者の4行が敗者の地位に甘んじ、後者2行がとりあえず勝者の座を確保した格好である。

地方出身者が手を出したハイリスク

さて、ここで改めてこの敗者と勝者の顔ぶれを眺めてみれば、なかなか面白いことに気がつく。端的にいって、敗者グループの面々はシティにルーツを持たない銀行ばかりだ。それに対して、勝者組の2行は筋金入りのシティ伝統派なのである。この構図をどう受け止めるべきなのか。まずは、負け組・勝ち組それぞれの来歴をざっとみておこう。

負け組のなかも二手に分かれる。ＲＢＳとＬＢＧがいわゆる大手行。ノーザン・ロックとＢ＆Ｂは地方銀行である。今日のＲＢＳの前身であるロイヤル・バンク・オブ・スコットランドは１７２７年に設立された。本拠地は現スコットランド地方の主要都市、エジンバラである。その歴史は連合王国としてのイギリスの形成史と切り離せない。

ロンドンを中心とするイングランド地方が勢力を拡大し、国家形成の主導権を握るなかで、スコットランドは独立堅持の激しい抵抗を続けた。その民族自決の思いは、連合王国への併合から３００年余りが過ぎた今なお、スコットランド魂を駆り立てる。その熱き魂に資金基盤を付与する存在として地歩を固めていったのが、ロイヤル・バンク・オブ・スコットランドであった。

ＬＢＧは、いまでこそ一大メガバンクだが、もとはといえば、小金をためたボタン職人と鉄鋼メーカーが始めたカネ貸し業だ。１７６５年に開業した。彼らの地元はイングランド中部の工業都市、バーミンガムだ。産業革命発祥の地の一角を形成した街である。ちょうど創立１００周年を迎えた１８６５年に、ロイズ銀行は同族会社から株式会社銀行に衣替えした。シティのマーチャント・バンクと地方ベースの株式会社銀行との攻防については、すでにみた。もともと、シティとは犬猿の仲だった集団のなかに、このメガバンクのルーツがあるわけだ。

ノーザン・ロックとB&Bは、元はといえば、いわゆる建築組合（building society）である。建築組合はイギリスに特有の住宅融資機関だ。相互組合方式で地元民から資金を集め、それをマイホーム形成のための融資に充てる。地域に根差す庶民のための住宅金融だ。その役割を担うべく、19世紀半ばから数多くの建築組合が雨後の竹の子のごとく、イギリスの津々浦々に出現した。日本流にいえば、相互銀行と信用金庫を掛け合わせたようなイメージである。

そんな彼らが1990年代に入って相次いで普通銀行に転換した。日本の相互銀行が「普銀転換」によって第2地銀に変身したのと、とても良く似た展開である。ノーザン・ロックもB&Bも、この建築組合の普銀転換ブームのなかで合併や提携を重ねて大きくなり、国際業務にも手を出すようになっていった。「いよいよ我らも本格的な銀行だ」。その意気込みが、ノーザン・ロックを、そしてB&Bを、次第にハイリスクなグローバル金融ビジネスへと駆り立てていくのであった。

こうしてみれば、敗者グループの特徴は明らかだ。いずれも、もともとは地方が活動基盤である。地域密着型の産業金融と庶民金融がその原点だ。ところが、時代が下るにつれ、金融立国主義がイギリスに根を下ろすにつれて、彼らはその原点から遠ざかる。初めはこわごわ、やがて大胆に、土地勘のないグローバル金融の世界に足を踏み入れてきたのである。

本家の海賊魂は健在だった

これに対して、勝者グループの2行はどうか。バークレイズ銀行の歴史を遡れば、1690年からロンバード・ストリートで営業を始めた金細工商ビジネスにたどり着く。ロンバード・ストリートがまさにシティ発祥の地である。そして、金細工商たちこそ、最も初期的な段階でマーチャント・バンキングの中心的な担い手だった。シティが海賊バンキングの拠点として産声を上げた時、そこにバークレイズの先祖たちが存在していたのである。

HSBCのHは香港のH、Sは上海のSである。イギリスの対中交易の金融拠点として、1865年に香港上海銀行の本店が香港で営業を始めた。アヘン戦争後における大英帝国の金融的支配網のなかで、なくてはならぬ役割を果たした銀行である。設立時期こそ、シティ流の感覚からいえば新しい。スクエア・マイルの迷路的小路網のなかに、その歴史が深く刻まれているわけでもない。だが、香港上海銀行は、当初から、海賊国の海賊的権益を守るための拠点となることを使命としていた。

その意味で、その設計思想には、シティ的なるものが色濃く刷りこまれていたのである。そもそも、イギリス国内に本店を置かないイギリスの銀行をつくろうという発想が、極めてシティ的だったといえる。香港上海銀行の創設者であるトーマス・サザーランドはスコットランド人だったが、彼の外に向かって開かれた視野には、シティ仕込みの大胆不敵さが息づいていた。

ルーツ的にシティ派であるか否かが、グローバル恐慌のさなかにあっても明暗を分けた──。

そう断言してしまえば、少々言い過ぎだろう。

バークレイズにしても、その事業展開はなかなか綱渡りだ。08年9月には、破綻したリーマン・ブラザーズの一部の事業を買収した。それが凶と出るか吉と出るかは、まだまだこれからが勝負だ。とりあえず負け組の位置づけに甘んじているLBGも、その業績悪化は、政府に事実上押しつけられて買収した住宅金融会社、HBOSの損失によるものだ。身から出た錆だとは必ずしもいえない。

だが、さしあたりは、シティ派がひとまずちゃっかり逃げ切っている。最終的にどうなるにせよ、ひとまず、難を逃れるこの器用さがスクエア・マイルの身上だ。時を超えて、金細工商たちの高笑いが聞こえてきた。そんな気がする。

よみがえれシティ

本書を通じて、ざっと400年にわたるシティの歴史を追体験してきた。随分と駆け足の旅ではあった。だが、誠に発見に満ちた旅だった。さまざまな出会いがあった。そして、ここまで来るシティの歩みのなかに、どのような節目があったかが分かった。

大きな節目が3つある。その1が、商人が銀行家になった時。その2が、銀行家が紳士になった時。そしてその3が、シティから紳士が消えた時。

商人が銀行家になった時、そこにマーチャント・バンキングという名のビジネスが生まれた。史上初の貿易商たちが、成り行き的に史上初の貿易金融を行うようになったのである。お客さんたちの商品を預かる倉庫機能が、次第に彼らのカネを預かる金庫業に発展した。そして、金庫に溜まったカネは、次第にお客さんたちの資金繰りのために用立てられるようになっていく。

くしくも、今、久々にこの貿易金融という古典的な世界が世間の注目を浴びるようになっている。09年4月2日に開かれた第2回G20金融サミットで、発展途上国向けの貿易金融の拡充が課題の1つとして取り上げられた。

忘れられていった原点

08年秋のリーマン・ショックに端を発するグローバル恐慌のなかで、信用収縮が世界津々浦々で深刻化している。委縮し切った金融機関たちの貸し渋りと貸しはがしが、経済活動をショック死状態に追い込んできた。そして、この貸し渋り現象が貿易取引にも打撃を及ぼすようになっているのである。輸出入業者たちにとって、決済のためのつなぎ金融は極めて重要な命綱だ。その命綱を金融機関が繰り出してくれなくなってしまえば、彼らの商売は行き詰まる。

モノが海を越えるため、カネが回ってお手伝いする。この基本構図をマーチャント・バンクがつくった。ところが、その子孫であるインベストメント・バンク（投資銀行）がしてきたことは何か。それは、モノは動かないのに、カネだけが国境を越えていくビジネスだ。

カネそのものが商品となり、しかも、どんどん中身のよく分からない複雑怪奇な合体商品となっていく。そのビジネスが狂乱の頂点に達した時、恐慌が世界を襲った。そして、貿易金融が枯渇した。そのおかげで、09年の世界貿易は大幅なマイナス成長に転じること必至だとみられている。カネの世界が勝手に狂乱した結果、モノが海を越えられなくなる。この有り様を17世紀の商人銀行家たちがみたら、何と思うことだろう。

銀行家が紳士となった時のことは、第二章で取り上げた。「鰺と鯛が出会った時」の物語である。

一方に、腐っても鯛の土地持ち貴族たちがいる。他方に、脂が乗って美味しいが、姿形がいま1つの鰺型商人銀行家たちがいる。鯛には地位があるがカネがない。鰺にはカネはあるが地位がない。両者の利害は完全に一致した。鰺のおかげで鯛は生活が保証され、鯛のおかげで鰺は名誉を手に入れる。この二人三脚のなかで、マーチャント・バンカーたちは次第にジェントルマン資本家と化していくのであった。

さて、ここで注意しておくべきことが1つある。

それは、商人銀行家にせよジェントルマン資本家にせよ、そのルーツをさらにたどれば、そこに海賊たちがいるということだ。大航海時代に七つの海を制したイギリスは、海賊国家そのものだった。女王陛下の命を受けて、新大陸発見の旅に出る貴族の船長さんたちも、祖国に富をもたらすために荒波に漕ぎ出す商船隊も、一皮むけば海賊だった。

いくら陸に上がって衣食足り、礼節を知っても、この海賊的ルーツは消えない。山高帽に縞のズボンでいくら紳士然と決め込んでも、しょせん、お里はすぐ知れる。紳士の衣の下から、ちゃんと海賊の昔が顔を出す。

現に、シティの紳士たちに対して「おぬしら、しょせん、ルーツは海賊だろう」と言ってみて、いやな顔をする相手はまずいない。これは筆者の体験だ。さすがに、いまや山高帽も縞のズボンも、開かずのこうもり傘も、目にすることはなくなった。だが、それでも、いかにも貴公子風な紳士タイプには、まだまだ出会う。その彼らに向かって、一言、「海賊」とささやいてみれば、破顔一笑。いかにも嬉しそうな照れ笑いで、相好が崩れる。「バレたか」という感じで、窮屈な紳士の衣を脱ぎ捨てる彼らなのである。

海賊も紳士も「二言無し」

かくして、紳士の魂は海賊の魂に通じる。金融業との関わりで、両者を結びつける最も本源的な掟がある。それが、「我が言葉は我が誓約なり」（"my word is my bond"）だ。

この言い方は、かのシェークスピア作品『ベニスの商人』に登場する。シティの商人銀行家の多くは、もともとベニスからやってきた。それを思えば、この心意気がマーチャント・バンカーの精神基盤を構成することはよく分かる。

海賊も商人銀行家もジェントルマン資本家も、ずるいことはたくさんやる。だが、冒してはならない口約束の神聖さは心得ている。破ることが簡単な約束だからこそ、決して破らない。証拠が残らない取引だからこそ、その内容は不可侵だ。海賊に二言無く、紳士に二言無しである。

シティのこの口約束主義に対しては、時代が下るとともに、その不透明性と説明責任の欠如が非難されるようになる。そのようなものは、閉鎖社会の自己満足に過ぎない。古びた歴史にあぐらをかいて、特権階級幻想に陥った連中の懐古趣味だ。20世紀も後半に入れば、こんな罵声がシティを巡って飛び交うようになるのであった。

むろん、それらの悪口はもっともだ。400年も昔からの伝統をまったく同じように守っていたのでは、今日の時代状況のなかで物事がうまく行くわけはない。だが、この「我が言葉は我が誓約なり」のルールには、実はもっと本源的なもう1つのルールが内包されている。それはすなわち、そこにヒトとヒトとの出会いがあるということだ。貴族と商人が、紳士と紳士が、海賊と海賊が相対で向き合っている。その相対関係のなかで形成された人間関係上の信用に根差して、金銭上の信用が供与され合う。

そこにヒトがいなければ何も成り立たない。ヒトとヒトとの絆があればこそ、暗黙の了解も成り立つし、その了解は不可侵になる。この認識が共有されている限り、確かに、口約束でビジネスは成り立つ。逆に言えば、口約束で済まないような取引は信用するに足りない。そういうことになる。

ひるがえって、この間、グローバル世間を甚だしくお騒がせして来たリーマン・ショックやAIGショックやサブプライム問題をみれば、そのどこにヒトとヒトとが向き合う場面があったか。証券化された債権は、不特定多数の投資家の間を飛び交い、さまよっていく。誰が誰に対して何を約束しているのか、まるで分からない。言葉が誓いとなる余地がない。言葉の重みを人々が認識する場面がない。これでは、金融大破綻が起こらないわけがない。

「我が言葉は我が誓約なり」。この掟は厳粛だ。だが、一方では、いたって融通無碍でもある。要するにこの掟さえ破らなければ、あとは何をしてもいいのである。

さらには、何をすればこの掟を破ったことになるのかについて、別段、マニュアルがあ目、いわば、誓いを破ったことになるのかについても、いわば、自己責任で決めていい。かなりいい加減な面がある。だが、だからこそ、最終的には人間の出来が問われる。それが分かっているから、シティのなかには、おのずと一定の緊張感が常に漂うことになる。

グローバル恐慌は天啓

そんな自由のなかの規律の機運が、シティから消えたのはいつか。それは第1に金融ビッグバンの当時においてであり、そして第2に、1990年代半ば以降の金融立国・猛追求過程においてだろう。

金融ビッグバンは、それ自体が難局に当たって張り切るシティの海賊魂を世に示した面がある。だが、一方では変身がうまく行き過ぎて、「我が言葉は我が誓約なり」の精神が希薄化した観も否めない。近代的で開放的で規則に従うシティをつくる。実に潔い大変身だったが、そのついでに心意気の面でも少々潔く昔気質を捨て去り過ぎた。

ビッグバンで痛手を受けたこの昔気質に、とどめの一撃を加えたのが、90年代後半以降の金融立国への大暴走だ。そのなかで、ニック・リーソン事件が起きた。そして、今回の

夕暮れ迫るシティ。また栄光を取り戻すのか　Graeme Purdy／ゲッティ イメージズ

グローバル恐慌に至る狂乱のドラマの幕が開いた。

シティ的なるものを考える時、人物のイメージとして頭に浮かぶのが、アーネスト・シャクルトンである。20世紀初頭に活躍した南極探検家だ。シティとなじみが格別に深かったわけではないが、実に海賊精神に富む人だった。

シャクルトンのライバルだったロバート・ファルコン・スコットは、南極点一番乗りをノルウェーのロアルド・アムンゼンと競ってあえなく命を落とした。スコットは海軍の将校、シャクルトンは商船隊の幹部乗組員だった。窮屈な海軍精神とは違って、商船隊魂は冒険心に満ちていた。ぞっとするような危ない橋を平気で渡る。傍若無人な振る舞いもする。だが、弱きを助け強きをくじく。いざという時には、海軍顔負けの武勇を発揮する。そして、どこまでも紳士であった。

シャクルトンもスコットも、探検のための資金集めでは、シティに大いにお世話になった。そうした冒険に投資することも、シティの心意気の現れだった。

シャクルトンのような海賊紳士たちが、再びシティに戻ってくるのはいつか。その時が来ると信じたい。もしかすると、今回のグローバル恐慌は、それが必要であることを示す天啓であったかもしれない。

神の声には従わなければいけない。よみがえれ、シティ。

あとがき

「彼はイギリス人だ。したがって、冒険家である」。「ドラキュラの客人」という短編小説の一節だ。作者はブラム・ストーカー。かのゴシックホラーの名作、「吸血鬼ドラキュラ」の著者である。「ドラキュラの客人」がこの作品の下敷きになったといわれる。

ブラム・ストーカーが生きた時代は、シティの隆盛期でもあった。本書に登場する切り裂きジャックや、スウィーニー・トッドを生んだ怪奇趣味が流行った時期である。その最高峰に君臨したのが、ストーカーだったといってもいいだろう。さすがに、彼はシティを支える海賊魂をよく心得ていた。だからこそ、イギリス人＝冒険家の言い方がストーリーの中にこともなげに登場する。読者の方も、それで別段、何の違和感も覚えない。

海賊的冒険心を内に秘めた紳士の金融は、地球経済時代のカネ回し役として、果たして21世紀においても有効に機能し続けることができるだろうか。とりあえずは少々面目失墜気味だが、いずれ復権するか。名誉挽回なることを期待しつつ、その成り行きをこれからもじっくり見守っていきたいと思う。

本書は、08年10月から09年5月にかけて『週刊エコノミスト』（毎日新聞社）に掲載された同名の連載に、若干の加筆を施して取りまとめた。すばらしい連載企画への参画を呼び掛けていただいたエコノミスト編集部の平野純一さんに、心から感謝している。連載執筆中も、常に心強い励ましの言葉の数々を頂戴した。お陰様で何とかゴールに到達できた次第である。

また、単行本へのまとめ上げに当たっては、毎日新聞出版局の山口敦雄さんに実に忍耐強くご支援いただいた。お二方のお力によって、海賊紳士たちの冒険物語が日の目をみた。敬意を表するとともに、深く御礼申し上げたい。

２００９年7月

浜　矩子

参考文献

David Kynaston, "The City of London Vol. 1: A World of Its Own 1815–1890"（Pimlico, 1995）

David Kynaston, "The City of London Vol. 2: Golden Years 1890–1914"（Pimlico, 1996）

David Kynaston, "The City of London Vol. 3: Illusions of Gold"（Chatto & Windus, 1999）

David Kynaston, "The City of London Vol. 4: A Club No More"（Chatto & Windus, 2001）

Jeremy White, "London in the Twentieth Century"（Penguin Books, 2001）

Philip Augar, "The Death of Gentlemanly Capitalism"（Penguin Books, 2000）

Peter Ackroyd, "London, the Biography"（Chatto & Windus, 2000）

Peter Ackroyd, "Illustrated London"（Chatto & Windus, 2003）

Richard Roberts & David Kynaston edt., "The Bank of England: Money, Power & Influence 1694-1994"（Oxford Clarendon Press, 1995）

P.J.Cain & A.G. Hopkins, "British Imperialism, Innovation and Expansion, 1688-1914"（Longman, 1993）

P.J.Cain & A.G. Hopkins, "British Imperialism, Crisis and Deconstruction, 1914-1990"（Longman, 1993）

James Buchan, "Frozen Desire: An Inquiry into The Meaning of Money"（Picador, 1997）

Majorie Deane & Robert Pringle "The Central Bankers"（Hamish Hamilton Ltd., 1994）

Alec Cairncross, "The British Economy since 1945"（Blackwell Publishers, 1992）

Karl Marx, "Capital"（Progress Publishers, 1954）

Robin Pringle, "Banking in Britain"（Dunod, 1973）

高橋乗宣『国際為替戦争の回顧～1930年代のドル・ポンド争闘史に学ぶ～』（三菱経済研究所、1986）

高橋乗宣『高橋乗宣の日本版ビッグバンはこうなる』（徳間書店、1997）

宇野弘蔵『恐慌論』（岩波書店、1953）

大島　清『経済学』（東京大学出版会、1966）

小林章夫『ロンドン・シティ物語～イギリスを動かした小空間～』（東洋経済新報社、2000）

初出＝本書は『週刊エコノミスト』（毎日新聞社）の連載『ザ・シティ　金融大冒険物語――海賊バンキングとジェントルマン資本主義』08年10月～09年5月を元に加筆・編集したものです。

著者紹介

浜　矩子（はま　のりこ）

同志社大学ビジネススクール教授。1952年生まれ。一橋大学経済学部卒業。三菱総合研究所入社、経済調査部、ロンドン駐在員事務所長兼駐在エコノミストなどを経て現職。

ザ・シティ
金融大冒険物語
―海賊バンキングとジェントルマン資本主義―

印　刷　2009年8月5日
発　行　2009年8月20日

著　者　浜　矩子
発行人　大川　勇
発行所　毎日新聞社
〒100-8051
東京都千代田区一ツ橋1-1-1
出版営業部―☎03（3212）3257
図書編集部―☎03（3212）3239
印　刷　精興社
製　本　大口製本

ISBN978-4-620-31946-9